Karl Christ
DER ANDERE STAUFFENBERG

Karl Christ

DER ANDERE STAUFFENBERG

Der Historiker und Dichter Alexander von Stauffenberg

Verlag C.H.Beck

Mit 16 Abbildungen im Text

© Verlag C. H. Beck oHG, München 2008
Satz: Kösel, Krugzell
Druck und Bindung: Ebner & Spiegel, Ulm
Gedruckt auf alterungsbeständigem, säurefreiem Papier
(hergestellt aus chlorfrei gebleichtem Zellstoff)
Printed in Germany
ISBN 978 3 406 56960 9

www.beck.de

INHALT

VORWORT

So unterschiedlich wie ihr Schicksal ist auch die Erinnerung an die Grafen Stauffenberg. Während die Namen von Claus und Berthold in der Geschichte des deutschen Widerstandes bis heute lebendig geblieben sind, geriet der ihres Bruders Alexander schon bald nach seinem Tode in Vergessenheit. Dabei schien auch Alexander von Anfang an besonders privilegiert zu sein. In einer angesehenen württembergischen Adelsfamilie aufgewachsen, verfügte er über eine ungewöhnliche Bildung und war sowohl musikalisch als auch literarisch überaus begabt.

Im Alter von 18 Jahren in den Georgekreis, der ihn prägen sollte, aufgenommen und wenig später durch den führenden Althistoriker Wilhelm Weber besonders gefördert, schlug er eine erfolgreiche wissenschaftliche Laufbahn ein. Privates Glück vereinte ihn in einer Ehe mit Melitta Gräfin Stauffenberg – einer Spezialistin auf dem Gebiet der Aerodynamik und zugleich einer der erfolgreichsten Sturzkampffliegerinnen jener Jahre – einer ungewöhnlichen Frau, deren Vater einer großbürgerlichen jüdischen Familie aus Odessa entstammte.

Auch die ersten Kriegsjahre konnte Alexander einigermaßen überstehen: Er wurde zwar zweimal verwundet, stieg zum Artillerieoberleutnant auf, war jedoch wiederholt für längere Zeit zur Wahrnehmung der Pflichten an seinem Würzburger althistorischen Lehrstuhl beurlaubt. Daß er zum Gegner des NS-Regimes wurde, steht fest; wie weit er in die Attentatspläne eingeweiht war, ist indes umstritten. 1944/5 erfuhr er durch die Hinrichtung seiner Brüder und den Tod seiner Frau, die bei einem Versuch, ihren Mann zu befreien, noch am 8.4.1945 abgeschossen wurde, die schwersten Katastrophen seines Lebens. Sie sollten den damals Mittellosen, der zudem in Würzburg ausgebombt worden war, existentiell erschüttern.

Nach seiner Entlassung aus amerikanischer Gefangenschaft konnte er zunächst nur dank der Hilfe eines kleinen Freundeskreises am Bodensee überleben; erst 1948 nach seiner Berufung auf den Münchner althistorischen Lehrstuhl fand er wieder in ein geordnetes Leben zurück und heiratete in zweiter Ehe Marlene Hoffmann. Durch die Eigenart seiner wissenschaftlichen Lehre und Forschungen blieb seine fachliche Resonanz begrenzt; seine Leistungen sind heute ebenso weithin vergessen wie seine vielfältigen, exponierten politischen Initiativen. Beides ist in der wissenschaftlichen Spezialliteratur über die Brüder Stauffenberg nur selten adäquat berücksichtigt worden.

So hielt es der Verfasser für geboten, mit dieser Studie an Alexander Schenk Graf von Stauffenberg zu erinnern. Dies war ihm nur deshalb möglich, weil er großzügige Hilfe erhielt: An erster Stelle ist hier, wie schon seit langer Zeit, die wissenschaftliche und praktische Unterstützung durch Herrn Dr. Volker Losemann hervorzuheben. Nicht weniger dankbar ist der Verfasser den wissenschaftlichen Gutachtern des Manuskripts, den Kollegen Peter Hoffmann und Stefan Rebenich für ihre wertvollen Vorschläge – obwohl er diese in dem hier gesetzten Rahmen nicht immer ausführlich berücksichtigen konnte.

Für vielfältige Unterstützung und kontinuierlichen Austausch bleibt er dem George- und Berthold Stauffenberg-Spezialisten Wolfgang Graf Vitzthum verpflichtet, Herrn Dr. Christian Hartmann vom Münchner Institut für Zeitgeschichte für wichtige Informationen und die Bereitstellung von unbekannten Primärquellen. Unterstützt wurde das Vorhaben auch durch die ehemaligen Schüler Stauffenbergs, Frau Prof. Dr. Ursula Hackl und seinen engen Mitarbeiter Herrn Dr. Hans Kaletsch, der mit der Familie bis heute verbunden blieb. Frau Dr. Gudula Knerr-Stauffenberg hat in sehr entgegenkommender Weise die Ausstattung des Buches durch bislang unbekanntes Bildmaterial gefördert, wofür ihr besonderer Dank gebührt.

Das Buch wurde schließlich durch das qualifizierte Lektorat des Beck-Verlages realisiert: Neben Frau Andrea Morgan, Lektoratsassistentin, ist der Autor sowohl Frau Agnes Luk, die mit Korrektur las und das Personenregister erstellte, als auch Frau Manuela Schönecker, der zuständigen Herstellerin, verbunden.

Ganz besonders gilt dies jedoch gegenüber dem Lektor, Herrn Dr. Stefan von der Lahr, der sich in ungewöhnlicher Weise für das Projekt engagierte. Auf seine Initiative geht die Aufnahme eines Gesprächs mit Frau Dr. Gudula Knerr-Stauffenberg zurück, die erstmals Alexanders Familienleben vermittelt. So wurde er zu einem Mitgestalter des kleinen Buches.

Marburg, im Winter 2007   *Karl Christ*

I EINLEITUNG

Jede Darstellung von Leben und Werk Alexander Schenk Graf von Stauffenbergs (15.3.1905–27.1.1964) muß primär auf dessen direkt oder indirekt autobiographische Texte – Dichtungen, Prosaschriften und Vorträge – gründen.[1] Sie setzen mit dem Nekrolog für Woldemar Graf Uxküll-Gyllenband[2] aus dem Jahre 1943 ein, erreichen dann einen Höhepunkt mit der Erinnerung an Stefan George einerseits,[3] seine erste Frau Melitta Gräfin Stauffenberg und seine hingerichteten Brüder, die großen «Täter», andererseits.[4] Diese Werke der Dichtkunst stammen überwiegend vom Ende des Krieges, während Stauffenbergs Zeit in Sippenhaft, und aus der Phase persönlicher Erschütterungen nach 1945, als er in denkbar großer Armut in Überlingen am Bodensee lebte.[5] Die einschlägige Sammlung «Denkmal» ist erst 1964 von R. Fahrner herausgegeben worden.[6] Weniger bekannt und nur schwer zugänglich sind dagegen Graf Stauffenbergs Ansprachen und Vorträge sowie die politischen Schriften der Münchner Jahre.[7]

Eine frühe Sonderstellung nehmen die Urteile aus dem Georgekreis ein, die 1957 im Rahmen der Boehringer-Festschrift erschienen sind. *Theodor Pfizer*, der spätere Ulmer Oberbürgermeister,[8] war seit 1918 Klassenkamerad der Zwillingsbrüder Berthold und Alexander gewesen; er schilderte in seinem Beitrag «Die Brüder Stauffenberg»[9] in sehr lebendiger Weise nicht nur die letzten Jahre des Königreichs Württemberg, die Familie und Kindheit der drei jungen Grafen sowie die Welt des Stuttgarter Eberhard-Ludwigs-Gymnasiums und dessen Lehrer, sondern hinterließ – differenziert und taktvoll – auch präzise Miniaturen seiner Freunde.

Über Alexander schrieb er: «In ihm stießen die musischen Begabungen zusammen, er konnte stundenlang am Flügel phantasieren, schrieb früh schon Verse und lebte wie kaum einer in Gedichten, die er lange, ehe er in den Kreis Stefan Georges trat, abschrieb und auswendig lernte. In manchem hat er sich schwerer als seine Brüder getan ...» (490).

Nicht weniger bedeutsam sind die Ausführungen des Berliner Bildhauers *Ludwig Thormaehlen*, der zeitweilig eine nicht unwichtige Position innerhalb des Kreises einnahm. In seiner Studie «Die Grafen Stauffenberg, Freunde von Stefan George»[10] entwarf er ein sehr plastisches Bild des jungen Alexander und seiner Ausstrahlung: «Der neunzehnjährige Alexander war seinem Zwillingsbruder Berthold im Äußeren in nichts ähnlich. Gleichfalls von hohem Wuchs war er breiter und schwerer. Das mächtige Haupt saß auf einem titanenhaften Körper. Es war nicht so klar und bestimmt profiliert wie das seines Bruders. Doch wirkte er unmittelbar bedeutend. Man hätte einen Musikalisch-Schöpferischen, einen Tondichter in ihm vermuten können. Doch er war Dichter. ...

Bei dem Zutrauen, das jeder auf Grund seiner Offenheit und Gutherzigkeit schnell zu ihm faßte, stellte sich auch zu Alexander ein unmittelbares Einvernehmen von Seiten Jüngerer und Älterer ein. ...

Alexander hing mit tiefer Herzlichkeit und hoher Bewunderung an dem Dichter, einer Bewunderung gespannt zwischen Enthusiasmus und einer Mischung von Scheu und Befürchtung. Die naturhafte Überlegenheit und überherrschende Autorität des Dichters war auch für Alexander unverbrüchlich. ...

Alexander war wie seine Brüder eines Neides, einer Eifersucht nicht fähig, aber Groll und Zorn im Ideologischen konnte er zeigen. Anzuerkennen, zu bewundern, menschliche Werte, wo er sie antraf, zu feiern, war ihm Natur. Offa[11] war in der Umgebung des Dichters

Abb. 1   Claus, Berthold und Alexander mit ihren Eltern
vor dem Lautlinger Schloß

beliebt. Er fand nie einen Gegner, man liebte sein Herz, seine Inner-
lichkeit.» (691 f.)

Die wissenschaftlichen Nachrufe, die nach Graf Stauffenbergs
Tod (27.1.1964) in den wichtigsten Fachzeitschriften erschienen,
dienten – wie üblich – in erster Linie dem Zweck, dessen althistori-
sches Œuvre in Erinnerung zu rufen. Sie sind in unserem Fall deshalb so bedeutsam, weil sie von Kollegen stammten, die ihn seit
langem kannten und stets in enger Verbindung mit ihm geblieben
waren – *Joseph Vogt*[12] und Siegfried Lauffer.[13] Vogt, wie der Graf
Schüler von Wilhelm Weber,[14] hatte ihn bereits in den frühen
zwanziger Jahren kennengelernt, ihn 1931 in Würzburg habilitiert
und ihn auch weiterhin gefördert. (Die Intensität und Wirkung dieser Verbindung wird nur selten gesehen.)

Vogts Nekrolog bot eine sehr positiv gehaltene Übersicht über
Graf Stauffenbergs althistorische Aktivitäten. Er hielt indessen von
vornherein fest, daß dieser «ein wesenhaft musischer Mensch (war)
und die Begegnung mit dem Genius (Stefan Georges) immerfort
als das Glück seines Lebens» empfand (202). Doch auch Vogt griff
ins Allgemeine aus: «Es mag sein, daß die Wissenschaft diesen
künstlerischen Menschen nicht ganz auszufüllen vermocht hat.»
(203) Doch: «In seiner noblen, unabhängigen Gesinnung unter Kollegen und Studenten zu wirken, war die Freude seines Lebens. So
heiter er sein konnte, so freundschaftlich er mit seinen Schülern
verbunden war, er bewahrte etwas von der Scheu und Empfindsamkeit des Jünglings. Vielleicht hat er in den letzten Jahren den Hauch
der Einsamkeit verspürt – nicht verwunderlich bei einem Geist, der
stets das Schöne gesucht hat.» (204)

Siegfried Lauffer,[15] wie Vogt und Stauffenberg ein Weber-Schü-
ler, wirkte seit Ende 1949 in München als Assistent, Dozent, dann
von 1963 bis 1979 als Professor für Alte Geschichte neben Stauffenberg, und zwar in einer beispielhaften Zusammenarbeit mit dem
älteren Kollegen. Seine Würdigung fiel deshalb ganz ähnlich wie
diejenige Vogts aus. Dasselbe gilt für die Erfassung der Persönlichkeit des Verstorbenen: «Diese Verbindung von Wissenschaft und

Kunst, das Leben in der Dichtung und in der Geschichte, war seinem Wesen gemäß und blieb für ihn zeitlebens bestimmend. Es ist schwer zu sagen, ob Graf Stauffenberg mehr Gelehrter oder Künstler war; seine Werke, die wissenschaftlichen Arbeiten und die Dichtungen, bilden ein Ganzes.» (845)

Es ist eine eigentümliche Fügung, daß gerade *Victor Ehrenberg*, der nach Helmut Berves Entlassung wegen dessen Verstrickung in das NS-Regime als erster den Ruf auf den Münchner althistorischen Lehrstuhl erhalten, diesen aber abgelehnt hatte,[16] kurz nach dem Erscheinen von Stauffenbergs «Trinakria» – das Werk, in dem er Stauffenbergs «Testament» sah – zu rezensieren hatte.[17] Seine Besprechung war durch eine dezidiert kritische Haltung bestimmt. Zwar gestand er zu, daß das Werk «in einer gehobenen, oft schönen, oft überbetonten Sprache geschrieben» war. «Es ist fast so sehr das Buch eines Dichters wie eines Historikers.» Doch er vermißte in ihm «jene Nüchternheit, ohne die keine Geschichtsschreibung bestehen kann.» (377)

Das wichtigste Zeugnis über die Persönlichkeit von Alexander Stauffenberg aus jenen Jahren stammt von dem Germanisten *Rudolf Fahrner*,[18] mit dem der Graf insbesondere seit den gemeinsamen Jahren nach Kriegsende in Überlingen denkbar eng verbunden war. In seinem Nachwort zu der von ihm herausgegebenen Sammlung Stauffenbergs «Denkmal» aus dem Jahre 1964 legte er, leider an entlegener Stelle und in einer sehr kleinen Auflage, die wohl eindringlichste Charakterisierung des verstorbenen Freundes vor:

«Seine natur umfasste grosse gegensätze. Die mit ihm lebten. wissen von seiner bezaubernden zärte gegen andere und von seiner verletzlichen zartheit in sich selbst – wissen aber auch von seinen fast heunischen kräften. die sich in der hohen gestalt anzeigten und im grossformigen. von dichtem haar bekröntem haupt – und wissen wieder von der feinen lichtempfindlichen haut und den hellen blauen augen. die so leuchtend blicken und – bei dem in sich gekehrten – so stumm verlöschen konnten. Sie wissen von seinem

versinken können in dunkle bedrängnis. und wissen von seinem
siegenden stolz. seinem aufwogenden übermut. seinem ihn selbst
ganz durchdringenden lusterfüllten lachen. Sie kennen das hilflose.
bei der mächtigkeit seines wesens unsäglich anrührende versagen.
das ihn ankommen konnte. kennen die taten seines tief dringenden
geistes. sein verstummen vor andrängenden fragen und die gaben
seines geheimniskundigen vielschichtigen wissens. Sie erlebten sein
lässiges verstreichen lassen ganzer zeiten und wieder sein hervor-
brechen im ihm gegebenen augenblick. sein sich hingeben ohn un-
terlass an ein reifendes werk. Sie liebten seine oft anmutig unbe-
holfene gebärde und seine sichere beredte frei sich regende eleganz.
Es betraf sie. wie mitteilsam. ja ausplaudernd er sein konnte und
wie verschwiegen er war. Sie erfuhren seine milde und güte. seine
das andere und das eigene wesen achtende lauterkeit und gerechtigkeit. dann wieder seine treffende schärfe. wenn ihm schien. dass es
einer – in welchen belangen auch immer – an gebotener achtung
fehlen liess oder dass öffentliches unrecht geschah. Sie wissen von
seiner herben nüchternheit und redlichkeit und auch wieder von
seiner unbändigen lust zu schwärmen und im rausch der vorstellungen das ersehnte vorwegnehmend zu geniessen. Sie wissen von
seiner einfachheit und von seiner neigung zum schlichten und wieder von seiner liebe zum wein und zum festlichen mahl und nicht
nur von seiner liebe nein auch zu seiner fähigkeit zu prunk und
pracht mit einem sonst verschollenen innehaben von deren sinn
und recht. Sie wissen von seinem starken verlangen nach ansehen.
geltung und wirkung und von seinem abtun aller ehren um eines
reinen daseins willen. Und die gegenwärtig waren. sehen ihn noch
vor sich. wie er in Hofmannsthals Kleinen Welttheater vor freunden in der gestalt des gärtners erschien – ein fürst. der sich der
herrschaft begeben hat.»(56 f.)

Im Rahmen der wissenschaftsgeschichtlichen Arbeiten über Alexander Schenk Graf von Stauffenberg nimmt die ausführliche, von
Werner Berthold und Rigobert Günther betreute Leipziger Dissertation des Jahres 1968 «Alexander Graf Schenk von Stauffenberg.

Eine historiographisch-biographische Untersuchung» von *Günter Katsch* eine Sonderstellung ein. Sie zeigt sich bereits darin, daß ein apologetischer Grundton das eigenwillige Werk durchzieht.

Katschs Rechtfertigung seiner Themenwahl geht nicht, wie üblich, von der Würdigung von Stauffenbergs althistorischen Aktivitäten, sondern von dessen Parteinahme im Streit um die «Synchronoptische Weltgeschichte» sowie von dessen an exponierter Position geführtem Kampf gegen die westdeutsche Notstandsgesetzgebung, die atomare Aufrüstung sowie von seinem Ringen für die Einheit Deutschlands aus.[19] Die für Katsch evidente Priorität politischer Kriterien erhellt schon daraus, daß er in seiner Einleitung einen Überblick über die Entstehung der Geschichte der Geschichtswissenschaft in der DDR und deren Auseinandersetzung mit der westdeutschen Historiographie voranstellt.

An späterer Stelle formuliert der Verfasser seine eigene Zielsetzung wie die Schwerpunkte und Grenzen der Dissertation noch klarer: «Vorliegende Arbeit ist eine historiographisch-biographische Untersuchung. Aufgabe des Verfassers kann es deshalb nicht sein, zu jedem von Stauffenberg behandelten Problem eine eigene Meinung zu vertreten. Das würde ein intensives Studium der Quellen zur alten Geschichte voraussetzen, das in jedem Fall dem Fachhistoriker vorbehalten sein muß. ...

Aufgabe dieser Arbeit ist es, die Erkenntnisse des Grafen Stauffenberg an dem höchsten Stand der Forschungsergebnisse, den die marxistische Altertumskunde aufzuweisen hat – soweit das möglich ist – zu messen, Stauffenbergs Ansichten mit denen anderer bürgerlicher Althistoriker, die in der bürgerlichen Altertumskunde dominierende Richtungen vertreten, zu vergleichen und die Auffassungen Stauffenbergs zu werten.»[20] Unter diesen erkenntnistheoretisch problematischen Voraussetzungen erörterte Katsch die frühen Einflüsse auf Stauffenberg und dessen Entscheidungen, seine Stellung im Kreis um George, Georges philosophische Ansichten sowie dessen Geschichts- und Gegenwartsbild. In geschichtsphilosophischer Hinsicht wird dabei die Verbindung mit Arthur Schopenhauer, Wilhelm Dilthey und Friedrich Nietzsche besonders hervorgehoben (II, 61). Schließlich betont der Autor, daß Stauffenberg Georges «Massenverachtung» nicht teilte und im Gegensatz zum «Meister» «demokratische Ansichten» vertrat (II, 70 f.).

Eines der wichtigsten Hauptkapitel von Katschs Dissertation trägt die Überschrift «‹Dichter›, ‹Denker› und ‹Täter› in der Antike – Stauffenbergs Geschichtsbild» (III, 1–96). Die Partie ist deshalb so zentral, weil sie auf einer bis heute unübertroffenen Quellenbasis beruht: Unter Auswertung der verfügbaren Akten und Vorlesungsverzeichnisse sind nicht nur alle von Graf Stauffenberg besuchten Lehrveranstaltungen zusammengestellt, sondern darüber hinaus sämtliche, von ihm in Würzburg, Berlin, Gießen und München gehaltenen Vorlesungen, Übungen und Seminare erfaßt – Zeugnis einer immer weiter ausgreifenden Lehrtätigkeit, deren Inhalte sich schließlich in den Münchner Jahren vom Alten Orient bis zur Spätantike erstreckten.

Nicht weniger bedeutsam ist die Zusammenstellung der Elemente des Geschichtsbildes Stefan Georges in den Werken Stauffenbergs (III, 17–22) sowie die kritische Besprechung seiner eigenen Forschungen (III, 22–48). Nicht überzeugend ist dagegen der Abschnitt über «Die charakteristischen Merkmale des Geschichtsbildes Stauffenbergs» (III, 91–96), etwa, wenn es schon einleitend heißt: «Von vornherein war zu erwarten, daß Stauffenbergs Geschichtsbild nicht an das marxistische heranreichen wird» und wenn die Bilanz lautet, daß Stauffenbergs Themen «für unser Geschichtsbild von zweit- und drittrangiger Bedeutung sind» (III, 91 ff.).

Größeres Gewicht kommt dagegen den Analysen von Stauffenbergs Haltung zum und im «Dritten Reich», zur «Synchronoptischen Weltgeschichte» und seinen politischen Aktivitäten nach 1948 zu. Diese nur wenig bekannten Fakten gelten als «Stauffenbergs politisches Vermächtnis» (VI, 1–18). Sie sind in der übrigen, nichtmarxistischen Wissenschaftsgeschichte nur selten gestreift worden.[21]

Nach dem II. Weltkrieg sah sich Alexander Schenk Graf von Stauffenberg gezwungen, seine wissenschaftlichen Aktivitäten zu dokumentieren. Diesem Ziel dienten die beiden Sammelbände der späten vierziger Jahre: «Das Imperium und die Völkerwanderung» (München 1947) und «Dichtung und Staat in der antiken Welt» (München 1948). Acht Jahre nach dem Tod des Kollegen gab Siegfried Lauffer den dritten Sammelband heraus: «Alexander Schenk Graf von Stauffenberg. Macht und Geist. Vorträge und Abhandlungen zur Alten Geschichte» (München 1972), sein letzter Tribut für den Verstorbenen.

Neben dem intensiv durchgesehenen, teilweise verbesserten Text von Stauffenbergs wichtigsten Einzelschriften enthielt das Werk auch einen Wiederabdruck der damals vergriffenen Habilitationsschrift «König Hieron der Zweite von Syrakus» (159–248) sowie das vordem unveröffentlichte Manuskript von Stauffenbergs Festansprache zum Abschluß der «Woche der Brüderlichkeit» am 13.3.1955 in München: «Der Freiheitskampf der Makkabäer» (249–259). Auf sonstige kleinere Arbeiten wurde zumindest in den Anmerkungen hingewiesen.

Einige Jahre später setzten dann auch die einschlägigen Marburger Initiativen ein: 1977 erschien die erste Auflage der grundlegenden, auch für diese Studie wichtigen Dissertation von Volker Losemann, «Nationalsozialismus und Antike. Studien zur Entwicklung des Faches Alte Geschichte 1933–1945» (Hamburg). Später legte Ines Stahlmann innerhalb einer deutsch-italienischen Tagung das Referat «Täter und Gestalten», in: K. Christ – E. Gabba (Hrsg.), «Römische Geschichte und Zeitgeschichte in der deutschen und italienischen Altertumswissenschaft des 19. und 20. Jahrhunderts. I» (Como 1989), 210–244 vor, ein Referat, welches insbesondere die Probleme um den Georgekreis vermittelte.

Der Autor selbst ging in seinen Monographien wiederholt unter den verschiedensten Aspekten auf Alexander Schenk Graf von Stauffenberg ein. So in RGdGW, 242 f. vor allem auf die in den dreißiger und vierziger Jahren erschienenen Veröffentlichungen, 265 auf Stauffenbergs organisatorische Initiative. Stauffenbergs Prioritäten entsprechend, nahm die Erörterung seiner Publikationen in dem Parallelband «Hellas» wesentlich größeren Raum ein (273 f.; 339–342). In «Klios Wandlungen» konnte demgegenüber seine Leistung nur knapp gestreift werden (91 f.).

Mit den neunziger Jahren des vergangenen Jahrhunderts begann eine neue Phase intensiver Bemühungen um die hier behandelte Thematik: Am Beginn steht die Biographie von *Gerhard Bracke*, Melitta Gräfin Stauffenberg. Das Leben einer Fliegerin (München 1990) – ein Glücksfall deswegen, weil in ihr Alexanders erste Frau (Melitta, geb. Schiller) 45 Jahre nach ihrem Tode endlich die längst überfällige Würdigung erfuhr. Ein Glücksfall aber vor allem auch deswegen, weil es sich bei diesem Autor um einen kompetenten und erfahrenen Luftkriegsspezialisten handelte, der seiner darstellerischen Aufgabe in vollem Umfange gewachsen war. Bracke erschloß in seinem Werk eine Vielzahl neuer Quellen und schuf so ein plastisches und genaues Bild dieser hervorragenden Wissenschaftlerin und passionierten Pilotin. Auf sie wird noch näher einzugehen sein.[22]

Den Höhepunkt der bisherigen Stauffenbergforschung markiert indessen zweifellos die umfangreiche Darstellung von *Peter Hoffmann*, Claus Schenk Graf von Stauffenberg und seine Brüder (Stuttgart 1992²). Diese gewinnt ihre Sonderstellung zunächst durch ihre ungewöhnliche Fundierung: Gegenüber den verbreitetsten und erfolgreichsten Vorgängern[23] konnte sich Hoffmann in diesem Lebenswerk auf eine Vielzahl zuvor unbekannter Dokumente und Briefe sowie Dutzende von persönlichen Befragungen von Zeitzeugen, nicht zuletzt auf nicht weniger als 13 eigene Spezialuntersuchungen seit dem Jahre 1968 stützen.[24]

Noch wichtiger aber ist die Tatsache, daß sich Hoffmann, wie schon die ersten Sätze seines Vorwortes zeigen, um ein umfassendes Verständnis der drei Brüder bemühte: «Die Brüder Stauffenberg, im ersten Jahrzehnt dieses (sc. des 20.) Jahrhunderts geboren, lebten als Kinder und Jugendliche in drei prägenden Bereichen: In der Familie mit ihren überlieferten Formen und Sinninhalten, mit Besitztümern in schwäbischer und fränkischer Landschaft, mit ihrer Verflechtung im württembergischen Hofleben in Stuttgart, im selbstverständlichen Dienst des Staates; sodann in der dem klassischen Altertum zugewandten Schule und endlich in der Dichtung.» (9)

Wenig später schildert der Verfasser dann die Konsequenzen dieser Konstellation: «Die Hauptantriebe des Handelns der Brüder Stauffenberg wurzelten in dem Bewußtsein einer Familie des Dienstadels sowie in der geistigen und der politischen Geschichte Deutschlands. Die Hauptantriebe waren die Ehre der Familie, die Treue zu den Idealen Stefan Georges, das Soldatentum. Alle drei führten zur Einsicht in die verbrecherische Natur Hitlers und seines Krieges. Alle drei Entwicklungen begannen in der frühen Jugend und sind seitdem immer wieder erkennbar. Seit etwa Anfang 1942 traten sie ganz hervor und überlagerten alles. Deshalb beherrschen sie von dem Zeitpunkt an die Darstellung.» (11)

Angesichts dieses Rahmens und dieser Prioritäten ist nachvollziehbar, daß die Gestalt Alexanders zwar berücksichtigt, aber in ihren zentralen wissenschaftlichen Elementen, seinen Aktivitäten im Bereich der althistorischen Disziplin, lediglich gestreift werden konnte. Daraus ergab sich wiederum der zentrale Schwerpunkt der vorliegenden Arbeit.

Innerhalb des von J. Seibert herausgegebenen Sammelbandes «100 Jahre Alte Geschichte an der Ludwig-Maximilians-Universität München (1901–2001)» (Berlin 2002) legte *Wolfgang Günther* eine bedeutsame Miniatur Graf Stauffenbergs vor.[25] Deren großer Vorzug war, daß erstmals die Personalakten des Bayerischen Kultusministeriums und der Universität ausgewertet wurden, die eine ganze Reihe vordem unbekannter Fakten aus Stauffenbergs Leben enthielten. So wurden zum Beispiel einerseits die Vorgänge um Stauffenbergs Berufung 1947/8 ermittelt, andererseits auch seine «Öffentlichkeitsarbeit» beleuchtet, sein Engagement in der Europa-Union wie im Kuratorium Unteilbares Deutschland.

Im Rahmen des von E. Böschenstein und anderen herausgegebenen Bandes «Wissenschaftler im George-Kreis»[26] trug *Wolfgang Schuller* in gedrängter Form über «Altertumswissenschaftler im

Georgekreis: Albrecht von Blumenthal, Alexander von Stauffenberg, Woldemar von Üxküll» vor.[27] Das dort über «Trinakria» ausgesprochene Urteil lautet: «Alexander von Stauffenbergs hochgestecktes Ziel, Empirie und überpositivistisch-künstlerische Sichtweise miteinander zu vereinen, war gescheitert; gleichwohl ist dieses Ziel selber etwas, was die Aufgabe eines jeden Geschichtsschreibers sein sollte.» (222)

In seiner Monographie «Geheimes Deutschland. Stefan George und die Brüder Stauffenberg» (Köln 2006) verfaßte der Philosoph *Manfred Riedel* eine sehr persönliche geistesgeschichtliche Studie insbesondere auch zu Alexander Schenk Graf von Stauffenberg. Er griff dabei bis auf jene Impulse zurück, die George selbst geprägt hatten – bis auf Mallarmé und Hölderlin, aber auch auf Georges Auseinandersetzung mit Dilthey und Max Weber. Durch die Erschließung neuer Akten und Materialien konnte der Verfasser zudem auch die Konzeptionen des «Geheimen», «Anderen» und «Heiligen Deutschlands» klären. Besonders einfühlend wirkt darin die Partie über Alexanders Wirken unmittelbar nach 1945, dessen Tragik und Depression sowie seine Auseinandersetzung mit Ernst Kantorowicz (12–17).[28]

II   LAUTLINGEN – STUTTGART –
EBERHARD-LUDWIGS-GYMNASIUM

Seit den minutiösen Forschungen von Peter Hoffmann, die dem folgenden zugrundeliegen,[1] zählt Graf Stauffenberg zu den wenigen deutschen Althistorikern des 20. Jahrhunderts, über deren Jugend und Entwicklung wir näher informiert sind. Die Familie des Vaters läßt sich bis in das 13. Jahrhundert zurückverfolgen, als ein Vorfahre zum Schenken der Grafen von Zollern ernannt worden war. Alfred Graf Stauffenberg diente seit 1908 dem letzten württembergischen König Wilhelm II. als Oberhofmarschall und Major. Nach der Abdankung des beliebten Herrschers im November 1918 amtierte er bis zu seiner Pensionierung im Jahre 1928 für die Familie als Präsident der herzoglich-württembergischen Hofkammer.[2] Über die Mutter Caroline, geborene Gräfin Üxküll-Gyllenband waren die Stauffenbergs auch mit der Familie Gneisenau verwandt. Die mit der Königin, der sie als Hofdame diente, eng befreundete Gräfin interessierte sich in ungewöhnlicher Weise für Literatur und Dichtung, korrespondierte beispielsweise mit Rilke.

Zusammen mit seinem Zwillingsbruder Berthold[3] wurde Alexander am 15.3.1905 in Stuttgart geboren. Am 15.11.1907 brachte Gräfin Caroline wiederum Zwillinge zur Welt; Claus, der ältere von ihnen, überlebte, während dessen Bruder Konrad Maria schon am Tag nach der Geburt verstarb.

Abb. 2   Alexander, Berthold und Claus im Lautlinger Garten, um 1918

Die jungen Grafen wuchsen teils in dem bei Ebingen auf der Schwäbischen Alb gelegenen großen Familienwohnsitz Lautlingen, teils in der Stuttgarter Dienstwohnung des Vaters in denkbar privilegierter Weise auf. In den Aufzeichnungen der Mutter, die diese bis zum Jahr 1922 führte, erscheint Alexander als «fröhlich, gesellig, musisch, besonders hilfsbereit, körperlich etwas kleiner und langsamer als sein Bruder, sah ‹immer lustig in der Welt herum› mit hellen Augen.»[4] Ähnlich positiv klingt ein Bericht der Hauslehrerin Elisabeth Dipper aus dem Jahre 1919: «Alex ist ganz rührend gutmütig und in seinem ganzen Wesen wirklich vornehm und dabei ganz kindlich. Er fühlt sich immer ganz gedrückt, weil Berthold leichter lernt, und hält sich glaub ich für ziemlich dumm, was er aber gar nicht ist. Er ist nur langsam.»[5]

Schon früh begannen die Brüder zu musizieren, Alexander spielte sowohl Klavier als auch Violine bei vielen Anlässen. Alle drei verfaßten Gedichte, von denen jedoch nur diejenigen Alexanders ein beachtliches Niveau erreichten.

Wie der Vater, so waren auch die jungen Grafen, und in ganz besonderer Intensität Alexander, durch den katholischen Glauben geprägt, während die Mutter protestantisch blieb. Als Alexander an einer schweren Lungenentzündung erkrankte, die zu einer Brustfelleiterung führte, so daß er operiert werden mußte, verstärkten sich diese ohnehin tiefen religiösen Empfindungen weiter.[6] Sie prägten ihn sein Leben lang.

Berthold und Alexander Stauffenberg besuchten zwischen 1919 und 1923, Claus wenig später, das Stuttgarter Eberhard-Ludwigs-Gymnasium, das Elite-Gymnasium des Landes, das seinen hohen Rang im humanistischen Bereich bis in die Zeit nach dem II. Weltkrieg behaupten konnte. Unter dem idealistischen Rektor Binder vermittelte es die damals vorherrschende bürgerlich-humanistische Bildung auf höchstem Niveau, wie eine ganze Reihe zeitgenössischer Zeugnisse jener Jahre belegt.[7]

Doch bildete der Gymnasialunterricht lediglich den Mittelpunkt der verschiedensten Bildungseinflüsse auf die jungen Stauffenbergs. Neben dem üblichen Kanon der Gymnasien in antiker und klassischer europäischer Literatur bildeten sich kleinere Lektüregruppen, die einzelne Lehrer zu modernen Dichtern und Autoren anboten, aber es kam auch darüber hinaus zu bemerkenswerten Initiativen der Grafen und ihrer Freunde.

So war es die Folge eines gemeinsam erlebten «Faust-Abends», daß man intensiv Hebbel, Kleist, Rilke und Hofmannsthal las und das Gelesene diskutierte.[8] Im Jahre 1920 trugen die Zwillinge und Alexanders engster Freund Theodor Pfizer gemeinsam Szenen aus Hölderlin und Hofmannsthal, aber auch aus Shakespeares «Julius Caesar» vor, wobei Alexander den Part des Brutus übernahm.

«Er (sc. Alexander) arbeitete im Frühjahr 1921 über die Schlacht von Salamis und erklärte, Geschichte sei ihm Stoffquelle für Balladen oder Dramen.»[9] So standen damals eindeutig nicht Geschichtsforschung und Historiographie, sondern literarische Kriterien für ihn im Vordergrund. Besonders starke Wirkung sollte, ebenfalls noch im Jahre 1921, die gemeinsame Lektüre Bertholds, Alexanders und Pfizers von Georges «Stern des Bundes» entfalten. Pfizer charakterisierte Alexander damals folgendermaßen:

«Erst über Umwege (hat er) zur klassischen Altertumswissenschaft gefunden, ... in ihr aber seit den Tagen, da er als Sechzehnjähriger Nietzsches Geburt der Tragödie las, die Bilder der Dichter, Denker und Täter im Reich der Antike gesucht.» Pfizer erinnert aber auch an Alexanders «großartige Gabe des Nachahmens der Lehrer und Mitschüler, später der Kollegen oder Kameraden, die er in heiteren oder beklemmenden Stunden ermuntern und mit unbezwingbarem Lachen besiegen konnte.»[10]

Theodor Pfizer gehörte jenem Freundeskreis an, mit dem die jungen Grafen während ihres Besuchs der gymnasialen Oberstufe besonders eng verbunden waren, wobei diese Beziehungen, wie Peter Hoffmann belegte,[11] im Falle von Berthold Stauffenberg besonders intensiv gewesen sind. Daß diese Kontakte auch in den homoerotischen Bereich spielten, ist evident. Sie waren in der Epoche des Jugendkultes und der Jugendbewegungen[12] weithin verbreitet, was

Abb. 3   Berthold, Claus und Alexander mit ihrem Vater, um 1925

heute großes Verständnis findet. Daß solche Beziehungen damals in Extremfällen problematische Aspekte zeitigen konnten, hat Klaus Mehnert einmal schonungslos offengelegt, indem er aufzeigte, wie im Falle der Ritter-Knappe-Beziehung zwischen seinem Bruder Frank, dem späteren Bildhauer und George-Adlatus, und Berthold Stauffenberg seine eigene Familie, insbesondere seine Mutter, darunter zu leiden hatte.

Im März 1923 legten Berthold und Alexander ihr Abitur am Eberhard-Ludwigs-Gymnasium ab; beide waren zwar erfolgreich, doch sollte sich später zeigen, daß Alexanders Leistungen – ein durchaus mittelmäßiges Ergebnis – sehr kritisch beurteilt wurden. Dabei fällt besonders auf, daß er in dem für ihn später so zentralen Fach «Griechisch» lediglich mit «befriedigend» bewertet worden ist.

III IM BANNE VON STEFAN GEORGE UND WILHELM WEBER

In der Zeit unmittelbar nach dem Abitur, während der Jahre 1923 und 1924, sollte Alexander Stauffenberg in den Bannkreis von zwei sehr verschiedenen Persönlichkeiten und deren engeren Anhängern geraten, die seine künftige Entwicklung und Existenz maßgeblich bestimmten: Stefan George[1] und Wilhelm Weber.[2] Die Bedeutung des Kontaktes mit George ist schon wiederholt gewürdigt worden, selten dagegen diejenige der Verbindung mit dem Althistoriker Wilhelm Weber und dessen Schülern. Eine Äußerung Alexanders mag zunächst genügen, um die Tiefe und Kontinuität seines Verhältnisses zu dem «Meister» zu dokumentieren:

«Wenn ich nun den Eindruck schildern soll, der von dem Dichter ausging, die Wirkung, die er ausstrahlte, und die sich gleich geblieben ist vom ersten bis zum letzten Tag, so kann ich wohl sagen: nie wieder ist mir menschliche Größe begegnet in einer so unmittelbaren, so beinahe bestürzend dichten, so unbezweifelbaren Weise, und ich werde wohl mit Shakespeare – nach menschlichem Ermessen – sagen können: wir werden nimmer seinesgleichen sehn. Der Eindruck war der einer vollkommnen äußern (und innern, wie ich dazu setze) Oberherrlichkeit, ohne die er sein Leben nicht leben konnte, wie er einst in einem großartigen Briefe an Sabine Lepsius geschrieben hatte, einer Oberherrlichkeit, von der freilich keiner

Abb. 4   Alexander von Stauffenberg, 1923, als er zu George kam

ahnte noch ahnen sollte, was sie ihn kostete und die er mit der Einsamkeit der Könige bezahlte, einer Oberherrlichkeit, der sich jeder willig beugte und unterordnete, ja auch der Widerwillige unterordnen mußte, weil ihm kein Ausweg blieb als der der Trennung. Es ist einfach nicht vorstellbar, daß einer der Lebenden, und sei er der Bedeutendsten einer gewesen, vor dieses Löwenhaupt geführt, die gebieterische, ja herrscherliche Autorität und Überlegenheit dieses Menschen, der nicht nur ein großer Dichter war, sondern auch wie einer aussah, nicht hätte anerkennen müssen.»[3]

In jenen Jahren wurde Alexander Stauffenberg sehr stark von seinem Vetter Woldemar Graf Üxküll-Gyllenband[4] beeinflußt. Wie seine Brüder, so wurde auch er im Mai 1923 in Marburg bei George eingeführt, ein Ereignis, das ihn zutiefst erschüttern und aufwühlen sollte. Daneben stärkte Üxküll-Gyllenband Alexanders Interesse an den Altertumswissenschaften und stellte auch die Verbindung zu Wilhelm Weber her, dem späteren Doktorvater Alexanders und dem Betreuer seiner eigenen Habilitation.

Alexanders persönliche Beziehung zu George entwickelte sich zunächst etwas zwiespältig. Während er selbst den Meister in den exaltiertesten Formen[5] feierte und diesen immer wieder durch Gedichte ehrte, verhielt sich George selbst eher zurückhaltend. Für ihn stand Alexander an letzter Stelle seiner Stauffenberg-Jünger; er zog ihm Berthold und Claus eindeutig vor. Diese Erfahrung korrespondierte wohl in schmerzlicher Weise mit der Selbstwahrnehmung Alexander von Stauffenbergs im Verhältnis zu seinen Brüdern.[6] Immerhin hob er ihn durch den Namen «Offa» hervor.[7] Die intellektuellen Folgen der Beziehung sind kaum zu überschätzen. Dies galt nicht nur für die Beurteilung der Antike, die Akzentsetzungen auf «Täter» und «Dichter», die Prioritäten in Methode und Geschichtsbild,[8] sondern ebenso für die Übernahme der Begrifflichkeit und der Konzeption insgesamt.

Von nicht geringerer Bedeutung sollten für Alexander die Kontakte mit ihm näherstehenden Persönlichkeiten des Kreises und dessen Beziehungsnetz werden.

Neben Graf Üxküll-Gyllenband sind dabei insbesondere Albrecht von Blumenthal,[9] Ernst Kantorowicz[10] und eine ganze Reihe von Archäologen,[11] darunter insbesondere Karl Schefold[12] und Erich Boehringer[13] hervorzuheben.

Zum zehnten Todestag Georges schrieb Alexander Stauffenberg ein großes Gedicht, das zum Abschluß dieser Ausführungen die Beziehung dokumentieren soll:

Der Tod des Meisters

DER GARTEN

Sind wir allein? sind rings des gartens gänge
Nicht ganz bewegt von schattenhaftem treiben
Unsichtbar doch geahnt . . und stimmen tonlos
Doch wohl vernehmbar? Gnadenvolle nacht
Des südens voll von duft und dunklem trost
Dieweil das jahr schon alternd niedergleitet :
Du senkst dich träumerisch mit dunstigen falten
Auf immergrün von lorbeer und zypressen
Und was uns dämmernd zwischen licht und schatten
Und furcht und hoffnung schwankend wirr bedrängt
Das wesenlose dass es sich verflüchtigt
Löst du in deines dunkels fluten auf.

Es kann nicht sein . . kein laut von ihm zu jenem
Von dir zu mir die stumme zwiesprach halten
Gefreundet längst doch nun vor dem was droht
Noch inniger vertraut . . es kann nicht sein
Der saft verströme denn in strauch und tier.
Der lauscht des marmorquells eintönigem plätschern
In moos und efeu eingeschmiegt . . Der grad
Noch abgehoben von des weges schein
Verliert sich zwischen zitternden gezweigen . .
Der ruht auf einer steinbank · starrt empor

Zum hellen fenster wo nur hin und wieder
Ein umriss schattenhaft vorübergleitet.

Es kann nicht sein . . am steilhang da und dort
Entzündet licht das licht – demantene schnur
Und träufelt frieden abendlich ins tal.
Darüber ahnt der blick durch finsternisse
In mond- und sternenlos bewölkter nacht
So jäh wie eh auf felsigen grund gestellt
Und ehern aufgetürmt die gipfel ragen.
Und drunten spült den stein der ufermauer
Wie mit gedämpften atemzügen schlummernd
Ein spiegel reglos – born im traumgelände –
Novemberlich gekühlt im kranz der Alpen
Spürbar doch unerschaut : der Langensee.

Wie hier unglaubhaft dünke dumpfes tosen
Erdinneren lavastroms der durch die kruste
Der erde brechend über hang und tal
Das heitre angesicht des raums zerstöre
Rings alles leben tilgt · geschöpf und pflanze ·
So ist unfassbar dass du von uns gehst.
Wenn götter den Erwählten zu sich rufen
Tut ihren schluss ein unterirdisch rollen
Der feste kund die in verzweiflung bebt ·
Dieweil dies land noch unsere schritte trägt
Im schein der ziehendes gewölke teilt
Dem milden trost des flimmernden gestirns.

Ein blick nur ist vergönnt an kahler schwelle
Dich nicht zu wecken durch den spalt der tür.
Da ruht dein haupt · bleich · im gedämpften licht
Das von der ampel auf die silberwellen
Der haare flutet seltsam ferngerückt.
Ein mühsam atmen schreckt . . wir säumen lange
Und scheiden stumm . . ist jezt schon betens zeit?
Ward schon die spanne weges ganz durchmessen
Neunmal der siebenjahre lauf vollendet?

Uns die verderben wenn dies leben endet
Die fassungslosen kommt ein fragen an :
Hob schon ein andrer kreis des lebens an?

DAS GEBET

Mond · bleicher täuscher überm nibelland
Du kannst nicht helfen · seelenlose barke
Die eisig durch das meer des dunkels schwimmt.
Wir sind entlaubten bäumen gleich · die arme
Wie dürre äste frierend aufgereckt
Zum firmament das unerbittlich wuchtet.
Herr · wo verbirgst du dich und welcher stern
Dass unsre bange liebe dich beschwöre
Trägt deinen namen deine stralenkrone
Wie einst der Brüderlichen zwiegestirn
Unsteter schiffer rettende beschirmer
Ein brand der nächte durch das tausendjahr?

Ich ahne dich obwol ich dich nicht schaue
Lang nicht Gerufener · du bist uns nah
Wenn unser traum erklingt zu klarem sange
Und waltest über uns · verlorenes glimmen
Im samtenen gewog · des gottes spur.
Wir suchen dich · ein weiss gewölke steigt
Inständigen flehns · verschwimmt in fernen höhn
Dass du dich gütig neigst und uns erhörest ·
Das leben nicht – der erde herz verstummt –
Für immer seines sinns beraubt veröde ·
Wir deines erdenwandels uns entsinnen
Der festlich sich in uns erneuen soll.

Da tauchst du auf : dein antliz schimmernd schön
Wie einst der Meister dich ins bild gebannt
Das traumes bürde neigt an blumigem nacken
Der haare dunkler prunk im schmuck der rosen
Versonnenen blicks der ferne zugekehrt

Und in sich selbst versenkt · ob nackter brust
Und makelloser schulter sich erhebend.
Du aller gnaden spender · aller qual
Beschwichtiger : Dess irdisch dasein wankt
Dem du ein leben gabst in glück und lohe
Der dich dafür erhöht hat dass du blühst
Heilwirkend bild · nie alternd · Gott Der Frühe.

Wir flehen nicht vorm schicksal stumm und gläubig
Das rad zu wenden das unhemmbar rollt.
Nur was entrinnbar ist · nicht spruch der Mächte
Aus unerschauter tiefe klarem quell
Verlautend · und was doch so dunkel droht
Und uns vernichten will : dem sollst du steuern . .
Armut des tons : entraten wir des zaubers
Der worte die beschwören? ziemt bescheidung
Vor dem verhängten ziel? Wir wissen wohl :
Im all biegt jede bahn von pol zu pol ·
Ein stern durchläuft nach urbestimmtem plan
Von auf- zu untergang die stralenbahn.

DER HINGANG

Wir gehn dem see entlang und leicht geschwellt ·
Ein spätes segel auf den grauen fluten ·
Hebt guter botschaft hoffnung uns · verdrängt
Die bleiche angst ins heimlichste verliess
Der grauen sorge schwesterlichen schauder.
Wie mutet uns dies nie erschaute tal
Der wogen heimisch an : zum seligen eiland
Trug fürstlichen spross voreinst verbundnen augs
Geschmückter nachen hin – gelebter traum?
Geträumte wirklichkeit? Das flammende
Gestirn erglänzt · beschwört als lezten hauch
Das angedenken sommerlichen blühens.

Wie wär dies schön zur stunde des verstummens
Des mittags grosser trauer dort zu weilen
Wenn nächtigem hain der villen marmelglanz
Entsteigt und voller stral in pracht entfaltet
Der Borromäerinsel stufige gärten . .
Doch weckend scheucht das innige gesicht
Der unheilsbote : Kommt · die dämmerstunde
Befiel mit schlimmer wendung sein befinden
Noch diese nacht bringt die entscheidung. ›Horcht!
Ein dumpfes dröhnen schwillt.‹ Der abendwind.
›Nein · unterdrückte stimme der gewalten‹
Entfernten wetters warnung die verhallt.

Des tags verworrene stimmen sind verstummt
Schon ruht in schweigen rings das haus des leidens.
In hohen bogenrahmen unergründlich
Bedeckt der scheiben glas was sich begibt
Wie hüter rätselhafter schildereien
Eintönig schwarz · der finsternisse färbung.
Da lichtet sich ein ausschnitt · zitternd schwankt
Das flackern einer kerze durch die halle
Ein schlüssel klirrt . . in weisser haubenfülle
Bedeutet uns ein wächsern angesicht
Auf schwerer dunkler tracht verhohlen starrend
Den finger auf den schmalen lippen : folget!

Die schemel an der wand gereiht nimmt jeder
Auf leisen sohlen ein . . wir halten uns
Noch dir verborgen · dunkel hüllt uns ein
Als bliebe unser tun vor Dem geheim
Der schaute was kein sterblich auge sah
Was keines sterblings ohr gehört vernahm
Des grauens kreise siegreich überwand
Dreifach verschlossnes tor besprechend auftat
Mit fürchterlichem schlüsselwort bewegend
Und dann durch aller alter sonnen stieg
Die Dichter Helden Könige beschwörend
Der sterne sang in seiner harfe fing.

Der trichter siebt den sand im stundenglase
Langsam verrinnt der wochenfeier tag.
Schwer atmend kämpft das leben mit dem tode.
Ringt nicht auch unser atem bleiern schwer?
Wir sammeln uns um deine lagerstatt :
Nochmals umfasst dein blick die stummen elf
So knabe jüngling mann · taucht blick in blick
Als gälte es auf ewig sie zu bannen.
Die stunden schreiten vor · haupt des erwählten
Ruht nahe deiner brust und seine hand
Hält deine suchende. Wenn solcher strom
Von herz zu herz versiegt : was wird geschehn?

Dann mahnt der lezte laut · ton der geliebten
Der strengen stimme : Kinder Sagt Kein Wort!
Der hauch wird leis · zeit hält den atem an
Der hauch verweht · freundfinger drücken zart
Die offnen lider zu. Die jünger hörten
Den eignen odem durch die stille gehn.
Es hebt der augenblick am zeitenende
Verewigend sich in den raum der sage.
Der zeiger steht. Ein wächter macht die runde.
Was schlug die glocke? Vor der sonnenwende
Im winterlichen monde siebzehn tage
Die feierliche erste morgenstunde.

MOLINO

Nur helfer bleibt und arzt. Die andern gehn
Den steig hinauf zum haus wo er gewohnt.
Ein feuchter wind bläst nüchtern und erkältend
Und sagt der nacht die nahe helle an.
Zu steilem bau – einst eine mühle – leitet
Der treppenstieg hinan in die gemächer
Drin unverkennbar sein vertrauter duft
Die nahenden umhüllt begrüsst befremdet.
Noch sendet vom altan · den lorbeerkübel

Und sträucher rahmen · Einer stumpfen blick
Umher und in den nachtbedeckten garten
Und kehrt ins innre in den kreis der andern :

Das wasser rauscht als nagt es am gemäuer
Dess stützen tief ins schluchtige bett gesenkt.
Schürst im kamin umsonst du oder schenkt
Entfachte glut uns noch ein wärmend feuer?
Ward denn im sieb nur taubes korn geschwenkt?
Wir bergen keine ernte in der scheuer?
Ein rest in uns verbleibt nur der uns heuer
Und künftig wenn wir frieren wärmt und tränkt?
Wol weiss ich : ihr seid mein und ich bin euer ·
Vermächtnis das einst junge saat versenkt ·
Ein arglos wort verhüllt was in uns denkt
Doch fühlt der gram auch unbewusst in scheuer
Veräusserung was nie mehr uns in neuer
Erhebung zu des frühlichts heimat lenkt.

Nun knüpft sich tag um tag zu langen wochen
Und mond und jahr das wie ein schlaf verrauscht –
Schlaf ist das beste der vergessen tauscht
Für grames wallen und der qualen kochen.
Hat achtlos uns ein glückhaft wehn berauscht?
Zu leicht gebauten kahn zu unterjochen
Bläst fährlich seit der nord ununterbrochen –
Ziellose fahrt – wie sich das segel bauscht!
Manch ungewägtes wort ward ausgetauscht
Nun sind wir müd . . was not tat ward besprochen
Der ist zum lezten dienste aufgebrochen
Wir andern dämmern . . nur das innre lauscht :
Ist es der herzen aufgescheuchtes pochen?
Doch nein : das wasser rauscht · das wasser rauscht.

TOTENWACHE

Wie kühl die dämmerung der dezembernacht
Mit schauern übernüchtern · leisem frösteln
Auch wo die treppe vom gebirg an seen
Zu südlich warmen laubengängen leitet.
Der hohlweg im erstorbnen schrägen hang
Der starren rebenstöcke · in gemäuern
Sich windend · führt empor zum totenanger
Wo ein schmiedeisern tor den pfad erschliesst
Zum tempel der gestorbenen · in den angeln
Ächzend sobald wir auftun · und das paar
Aus tiefem sinnen weckt das stumm begrüsst
Der wache nächtig werk uns übertragend.

Von blumen haftet trunkner duft im raum
Denn blumen viele schmückendes gespinst
Hüllen den sarg durchschimmernd dort und hier.
Des königlichen toten den er berge
Und seines nichtmehrseins zu denken hemmt
Ein letzes bangen. Bruder · welcherlei
Gedanken hütet deine stirn verhehlend?
Denn unsere trauer die so unversehens
Uns hier befiel dass wir nicht ahnen wie
Vor ihr bestehn und uns in ihr gebärden ·
Uns so wie Einen leib durchströmend bindet :
Wie gnadenlos allein sind wir vor ihr.

Erinnerung steigt : Stadt der Elisabeth
Am fuss des burgbergs graues dach : die ladung ·
Beginnlichsten erschauerns huldigung . .
Die mär des lenzes in der Heiligen Stadt . .
Im spätjahr dann der niedrung kühle lüfte
Das gartenhaus am rand der weltstadt · jubel
Und frühste leidenschaft · arme der liebe
In unnennbarer hut · leid und verzückung
Und welche süssigkeit im rausch der jugend.

So gleitet eine kette · selige bilder . .
O wie beglückt war dieser morgengang
Auch wo von leid gestreift erfülltes leben.

Hier endet jugend. Weithin mittaglich
Erstreckt sich traumlos die verdorrte flur . .
Auf kühle marmorgräber rieselt regen
Und unter neuen schritten knirscht der kies
Das eisengatter klirrt im stoss des windes.
Die wolken ziehen überm winterlichen
Voralpenland . . wie kalt die nacht des südens
Wie trübe graut der morgen auf den graten!
Doch ward aus nacht und dämmerung auch ein neuer
Tag dumpfen ungenügens wirrer schmerzen :
Wir unterhalten noch auf unseren kerzen
Ein licht das tröstend wärmt das Ewige Feuer.

BEGAENGNIS

Die sonne glänzt im herbstlichen verstummen
Noch einmal auf · dringt ins gelass · umspielt
Der lorbeerstämme fuss · die dunklen kronen
Der lilien rosen schneeig buntes prangen.
Und aus des Reiches unsichtbaren grenzen
Kam der gefährten alt und junge schar
Der früherer weggenoss Der jüngst gewürdigt
Und über alle ragend doch gebeugt
Ein blinder greis der älteste dichterfreund.
Er tastet sich heran · er sieht · er sah :
Es schlug in fesseln bot sich übermächtig
Und schön und furchtbar aller augen dar :

Auf wollig sandgetöntem wamse ruhte
In goldner schilde kette das gelenk
Die männlich zarte geistgeformte hand.
Die felsige stirn entwölkt im lorbeerschatten ·
Im widerschein der kerzen weiss und steinern

Das haupt das mehr denn eines königs war.
Da hebt sich stimme zu gebet und feier
Aus Ringes heiliger mitte · steigt hinan
Wie weihrauch zu des hauses dach · der trauer
Ihr zugemessen teil und der verheissung
Bis voller chor der zeugen sich vereinigt
Zum sang von Gottes heil und Gottes glück.

Noch manche kamen . . also sammelt sich
Die schar der harrenden an tempels pforte
Im freien viereck dessen mitte hält
Die kreuzbekrönte säule mit dem stern.
Es tragen unser sechs die dumpfe bürde
Vorbei den schweigenden den weg der seelen
Zur grabesstatt. Trennt steinernes geheg
Der mauer · leibes höhe dreifach messend
Der toten los vom leben? Überm sims
Noch sichtbar nachbarliches dach : es weht
Der odem unversiegbar · stadt und haus ·
Lebendiger unterstrom dess was ER wirkte.

Darüber gleichnis dess worin er war
Und was ihn nährte · schauer ewigen webens ·
Steigt sitz der Mächte das gebirg empor.
Noch einmal schlingt sich hier der stimmen reigen
Zu huldigung und leztem gruss · dann tropfen
Die eichenlade hüllend blüten nieder
Als weihespende der getreuen · rings
Spricht harrendes gefilde raunend : erde
Nimmt fürderhin den hort in heilige hut.
Und scheidend wussten wir : in unserem leben
Ein jeder atemzug und schmerzlich beben
Bleibt dienst an diesem grab mit geist und blut.

ABSCHLUSS

Silvesternacht die ein jahrzehnt beschliesst
Die schneeverhangen scharfgeschliffne klinge
Des monds für einen aufblick nur entwölkt
In der behelmt das grauen wache hält
Vor ihrer aller häusern unbehütet
Ob auch verschlossnen tors verkeilter läden ·
Nacht dräuender male heuer unbemerkt
Und ungesühnt wo sonst des sternes schweif
Den völkern untergang verkündete –
Nur unserer schwelle zeichen das uns feit –
Da schweift erinnerung zurück besinnend
Was uns seither gedieh und was uns starb :

Seit jener nacht da uns das schicksal schlug
Sind wir geschmiedet worden stark und stolz
Nicht mehr die alte schar : nach dem verhängnis
Von botschaft und verkündung schied sich der
Und jener grollend weil sich leben nicht
In sätze pressen noch verschnüren lässt
Als sei heut fug nur was Sein wille ordnend
Im taglauf seines staates einst befahl
Und nicht sein wink genug. Wir streiten nicht
Um recht und unrecht lehrspruch und verfehlen
Noch um vermeintes heil der äusseren treiber
Den lug in ihrer rede seit beginn . .

Was uns nie trennen durft ob echt ob unecht
Des öffentlichen umtriebs spiegelung
Anders in dir und mir – wir streiten nicht . .
Mit den versprengten was auch missetat
Verbrach an ihnen – wo sie sich verstrickt
In ihres blutes fluch der tausendjahre
Der sie von frucht und trank der scholle schied
Des Tantalos ihr los – sei nicht gerechtet.
Wir lauschen achtsam was der sinn gebeut

Der uns enthüllte – jeder muss ihn finden –
Und bieten freien blickes traum und handeln
Vereinend uns dem höchsten richterspruch.

Und unsre zahl so viel auch ihres blutes
Auf grauser walstatt edelstes verrann
Bleibt voll solang uns jugend folgt und rundet
Und unversehrt besteht der innre kern.
Drum sei Dir dank gesagt der längste frist
Nun schon am banner hält dem wir verschworen
Der erste ganz in Seiner luft gediehen
Der lezte da man schied · des erbes hüter . .
Und der die wache hält und ordnend waltet :
Du bist ganz nah uns adligsten geblüts
Der dunkel schönster jugend traum und anmut
Was auch entsank ins kommende bewahrt . .

Dich ruf ich ungestümen freundes geist
Uns unentbehrlichster der im getümmel
Entrückt ward und uns seit vom andern ufer
Getreuer bildner mahnend regt und rührt . .
Und Du umschwebst uns mit geliebten genien
Holdseliger schatten schmeichelnd lind und licht
Den dunkler trieb und rätselhafter wahn
Vielleicht um meintat einst des nächsten schaudernd
Den unentrinnbar Untern zugesellt . .
Und dienend kreist um euch : der tönend weckte
Des grales mär · und der im sternbild sah
Dem neuen goldgeschlecht bewahrt die Krone.

Du aber bleibst bei uns begrenzend führend
Des kriegsgotts herrischer herold künftiger welt
Den busse eines auges nur erhöhte . .
Und unser wird der Leu sein und der Schwan . .
Und Du vollendest unsern kreis · der jüngsten
Bürge der uns zu grossem tun bewog
Und aller streben werkhaft pflegt und nährt . .
So sei denn durch der götter gunst gewährt

Abb. 5   Stefan George, 60jährig. Photo von Theodor Hilsdorf, 1928

Dass wir der leuchte warten die im dunkeln
Der Meister einst entfacht die schimmernd brennt
Solang wir dienen wie am firmament
Der sterne licht: ein unauslöschlich funkeln.

*

Im Unterschied zu Berthold und Claus war Alexander im Hinblick auf seine Berufs- und Studienschwerpunkte sehr unsicher. Wie Berthold hatte er zunächst im Sommersemester 1923 mit dem Studium der Rechtswissenschaft in Heidelberg begonnen. Gemeinsame Aischylos-Lektüre mit seinem Vetter Woldemar erneuerte indessen seinen Kontakt mit der Antike. Als er im Wintersemester 1923/4 nach Tübingen überwechselte, hörte er dort Vorlesungen von *Wilhelm Weber* über Römische Verfassungsgeschichte und von dessen Schüler Joseph Vogt über die Geschichte Alexanders des Großen und der Ptolemäer, besuchte auch dessen Übung über Lucilius und die Zeitgeschichte. Gleichzeitig las er zusammen mit seinem Schulfreund, dem späteren Basler Archäologen Karl Schefold,[14] Homer.

Auch auf Wilhelm Weber hatte Alexander Stauffenberg offensichtlich starken Eindruck gemacht. So lud er ihn im Frühjahr 1924 ein, an einer Italienreise teilzunehmen, an der auch die Dozenten für Alte Geschichte Joseph Vogt und Fritz Taeger teilnahmen.[15] Nachdem auch George sein Placet zur Reise erteilt hatte, kam das gemeinsame Unternehmen zustande.

Damit war gleichzeitig auch die Entscheidung über Alexanders Berufswahl getroffen. Er hatte in Weber seinen zukünftigen Doktorvater gefunden, in Vogt den Althistoriker, der ihm die Habilitation ermöglichen sollte, in der «Weber-Schule» insgesamt die Unterstützung durch den damals wichtigsten Kreis althistorischer Nachwuchswissenschaftler.[16]

Doch was im nachhinein konsequent und zielstrebig erscheint, war es im Unterschied zu seiner Einstellung zu George und dessen Kreis keineswegs. Während die Beziehung zum «Meister» in dem Jahrzehnt zwischen 1923 und 1933, Georges Todesjahr, denkbar eng blieb und Alexander sein Idol immer glühender verehrte und immer öfter selbst in zweitrangigen Fragen um Rat bat, brachen seine Zweifel, ob er für die Altertumswissenschaft und eine universitäre Laufbahn wirklich geeignet sei, immer wieder von neuem durch. Die positive Entscheidung geht nicht zuletzt auf Georges wiederholten Rat zurück.[17] Als kennzeichnend für Alexanders Probleme erscheint auch der wiederholte Wechsel seiner Studienorte, wobei allerdings die Verbindungen mit Verwandten und Freunden eine wichtige Rolle spielten.

So konnte er sich bei seinem Wechsel nach Jena im Wintersemester 1924/5 insbesondere an Albrecht von Blumenthal[18] anschließen und bei ihm über griechische Themen arbeiten, im Sommersemester 1925 in München Eduard Schwartz hören, dem er seine vertiefte Vertrautheit mit Pindar verdankte, schließlich vom Sommersemester 1926 an in Halle sowohl von der Förderung durch Graf Üxküll als auch von jener durch Wilhelm Weber profitieren. Alexanders Studium zeichnete sich durch eine ungewöhnliche Vielfalt der einbezogenen Disziplinen, unter anderem auch durch sein besonderes Interesse an der Archäologie aus.[19]

Wie noch ausführlicher zu besprechen sein wird,[20] konnte er in den folgenden Jahren die Voraussetzungen für seine wissenschaftliche Laufbahn erfüllen: Ende 1928 die Promotion in Halle mit der Note «sehr gut», 1930 den Teildruck der Dissertation – «Caesar bei Malalas» (Stuttgart) –, ein Jahr später das Erscheinen des ungewöhnlich umfangreichen Werkes «Die römische Kaisergeschichte bei Malalas. Griechischer Text der Bücher IX–XII und Untersuchungen» und noch im gleichen Jahre die Habilitation in Würzburg, 1933 schließlich den Druck der Habilitationsschrift über Hieron II. von Syrakus.

IV IN DER NATIONALSOZIALISTISCHEN EPOCHE – MELITTA GRÄFIN STAUFFENBERG

Alexander von Stauffenbergs Einstellung gegenüber dem Nationalsozialismus erscheint zunächst einmal zwiespältig. Auch seine Beurteilung durch NS-Repräsentanten blieb stets zweifelhaft: Während sein enger Anschluß an George immer suspekt erschien, mußten seine frühe Teilnahme an militärischen Übungen und sein anfänglicher Dienst in nationalen Organisationen durchaus anerkannt werden. Ehe jedoch eine Gesamtbeurteilung dieses Bereiches erfolgen kann, sind zunächst die wichtigsten Fakten in Erinnerung zu rufen.

So diente Stauffenberg schon 1923 freiwillig im Ludwigsburger Kavallerieregiment Nr. 18, wo er zum begeisterten Reiter wurde. 1936 war er Gefreiter der Reserve, nahm im Sommer 1938 an militärischen Übungen teil. Daß er daneben lediglich in den frühen dreißiger Jahren Mitglied des «Wehrstahlhelms» und bis zum März 1934 Angehöriger des Sturmes 2 der SA-Brigade 79 war, danach infolge seiner vielfältigen anderweitigen Verpflichtungen in Beruf und Wissenschaft nicht mehr aktiv in den NS-Organisationen mitwirken konnte, mußte selbst bei NS-Funktionären Verständnis finden.

Zu Beginn des II. Weltkrieges wurde Graf Stauffenberg als Unteroffizier bei der Ersatzbatterie Ansbach eingezogen, Anfang Sep-

tember 1940 jedoch entlassen, damit er seine Würzburger Lehrver-
pflichtungen wieder aufnehmen konnte.[1] Doch auch die folgenden
Kriegsjahre waren durch wiederholten Wechsel seiner Funktionen
gekennzeichnet: Ende Januar 1942 zum Artillerieregiment 389 einberufen, wurde er als Angehöriger der 6. Armee im Herbst dieses
Jahres in Rußland erstmals verwundet, nach seiner Genesung nach
Würzburg entlassen und zum Leutnant befördert. Doch schon am
15.2.1943 erneut einberufen, hatte Alexander Stauffenberg zunächst an einem speziellen Artillerie-Lehrgang in der Nähe Berlins
teilzunehmen, ehe wiederum Dienst an der Ostfront, in der Nor-
mandie und ein weiterer Lehrgang folgten.

In der Zwischenzeit war Graf Stauffenberg auf den althistorischen Lehrstuhl der «Reichsuniversität Straßburg» berufen worden, den er jedoch nie antreten konnte. In diesem Zusammenhang
findet sich die folgende Beurteilung: «Anrich (Dekan der Philosophischen Fakultät und Dozentenführer an der Universität Straßburg, einer der verantwortlichen Planer der Reichsuniversität)
schätzte von Stauffenberg als ‹weitblickenden, anregenden und
charaktervollen› Historiker, der ‹Offenheit für neue Fragestellun-
gen› zeige. Politisch sei er zwar kein ausgesprochener Aktivist, doch
hielt ihn Anrich ‹in dieser Hinsicht für entwicklungsfähig›.»[2] Wiederum im Osten eingesetzt, wurde er als Artilleriebeobachter am
30.10.1943 bei Novo Lipovo schwer verwundet. Seit Februar 1944
diente er dann als Oberleutnant bei der Schweren Artillerie-Ersatz-
und Ausbildungs-Abteilung in St. Avold in Lothringen, wurde dann
jedoch durch eine Initiative von Rudolf Fahrner im Frühjahr 1944
zu dem Vortrag «Tragödie und Staat im werdenden Athen» nach
Griechenland eingeladen.

Wie Peter Hoffmann berichtet, überredete Fahrner danach
«Generalmajor Kurt Schuster-Woldan, den Artilleriekommandeur
168 bei dem Kommandierenden General des LXVIII. Armee-Korps
z. b. V., Alexander Stauffenberg als Nationalsozialistischen Füh-
rungsoffizier ab 1. Juni nach Athen berufen zu lassen. Als Stauffenberg sich bei seinem General vorstellte und sagte, er sei für die

Abb. 6   Alexander von Stauffenberg als Artillerie-Leutnant, 1943

Stelle überhaupt nicht geeignet, antwortete der General, deshalb nehme er ihn.»[3]

Nach dem Attentat vom 20. Juli 1944 ist Alexander Stauffenberg in einer viertägigen Bahnfahrt von Athen nach Berlin gebracht[4] und dort sogleich in Untersuchungs- wie in Sippenhaft genommen worden. Da ihm eine direkte Beteiligung am Anschlag des Bruders nicht nachzuweisen war, durchlief er bis zum Kriegsende eine ganze Reihe von Konzentrationslagern und Gefängnissen – so Stutthoff in Ostpreußen, ein Lager im Riesengebirge, Buchenwald und Schönberg im Bayerischen Wald. Dort erfuhr er vom Fliegertod seiner Frau Melitta Gräfin Stauffenberg, die noch am 8. April 1945 bei dem Versuch, ihn zu befreien, abgeschossen worden war.

Das Kriegsende brachte Alexander keine Entlassung. Er wurde nun monatelang von amerikanischen Dienststellen in Frankfurt verhört; erst Anfang September 1945 kam er endlich frei. Er wandte sich nach Überlingen am Bodensee, wo sich damals Rudolf Fahrner, der enge Freund seiner Brüder, Gemma Wolters-Thiersch sowie Marlene Hoffmann, seine spätere zweite Frau, aufhielten. Manfred Riedel hat zuletzt ein lebendiges Bild des Lebens und der Tätigkeiten der kleinen Gruppe dargestellt;[5] er ist dabei auch auf das vielfältige Engagement Alexanders eingegangen, dessen literarischer Niederschlag zum großen Teil freilich erst lange Zeit später veröffentlicht wurde. Den Plan, eine Geschichte des 20. Juli 1944 und des Widerstandes zu schreiben, gab er auf; das Projekt wurde dem alten Stuttgarter Schulkameraden Eberhard Zeller übertragen.[6]

Alexanders kurze Biographie seines Bruders Claus aus dem Jahre 1954 sollte seine wichtigste Äußerung zu diesem Thema werden:[7] In echt aristokratischer Weise wurde Claus zum einen in das Geschlecht derer von Stauffenberg eingeordnet, zum andern auf die Tatsache hingewiesen, daß er über seine Mutter zugleich ein Ururenkel Gneisenaus gewesen ist – für ihn ein verpflichtendes Vorbild.

Knapp, jedoch überzeugend wurde das Persönlichkeitsbild des Bruders in Erinnerung gerufen: «seine unwiderstehliche strahlende

Heiterkeit ließen den bestrickenden Zauber des Mannes vorausahnen, mit dem er künftig die Menschen in seinen Bann schlagen sollte.»[8] Gleichzeitig sind jedoch auch seine «hohe Geistigkeit» und «musische Empfänglichkeit», speziell auch die besondere Fähigkeit zu spontanen, eindrucksvollen Reden hervorgehoben worden.[9] Daneben wurde selbstverständlich auch sein vorbildliches Handeln angemessen gewürdigt.

Die Jahre zwischen 1945 und 1948 dürften die schwierigsten und dunkelsten im Leben Alexander Schenk Graf von Stauffenbergs gewesen sein. Der Tod der Brüder und seiner Frau haben ihn zutiefst erschüttert; nur sehr langsam konnte er seine schwere Depression überwinden. Für den so sensiblen und ehrbewußten Mann war es diskreditierend, daß ihm die Brüder in der Vorbereitungsphase des 20. Juli 1944 kein Vertrauen geschenkt zu haben schienen.[10] Die Flucht in die Betriebsamkeit konnte dies nicht kompensieren, um so weniger als Vorhaben scheiterten – so der Plan, eine Geschichte des Widerstandes und des 20. Juli zu schreiben –, andere erst später bemerkbar wurden, wenn man etwa die Gedichte in der Sammlung Denkmal berücksichtigt, die Rudolf Fahrner erst nach dem Tode Alexander von Stauffenbergs 1964 herausgegeben hat und bei denen nicht immer klar ist, wann sie entstanden sind.

*

Nach dem Überblick über Alexanders Schicksal im Dritten Reich und in der unmittelbaren Nachkriegszeit ist es möglich, sein Verhältnis zum Nationalsozialismus und dem Staat Adolf Hitlers zusammenfassend zu bewerten. Dabei scheint eine Konzentration auf die beiden Ebenen des militärischen Bereichs und der Rassenlehre besonders geeignet zu sein, um seine generelle Haltung zu bestimmen.

Die Bedeutung des militärischen Sektors wird dabei oft verkannt. Doch wie Peter Hoffmann wiederholt hervorgehoben hat, war die Erfüllung der Pflicht gegenüber Volk und Staat für die Stauffenberg-Brüder schon durch Herkunft und Erziehung fundamental. Für Alexander gewann sie im Laufe seines freiwilligen militärischen Einsatzes und erst recht während des Krieges und seines Dienstes als Frontoffizier immer größere Bedeutung. Die Verinnerlichung des Gehorsams im Banne des sakrosankten Fahneneids wurde zur Selbstverständlichkeit, ein Phänomen, welches vielleicht nur derjenige adäquat zu würdigen weiß, der damals in derselben Funktion diente. So erklärt sich wohl das Dilemma, das darin bestand, daß die Stauffenberg-Brüder schon früh einzelne Phänomene und Maßnahmen der nationalsozialistischen Herrschaft kritisierten – wobei der Informationsstand von Claus und Berthold wesentlich über jenem von Alexander lag –, gleichwohl ihre Pflichten mit voller Passion erfüllten. Als 1942 dann aus der Partialkritik die Konsequenz zum generellen, aktiven Widerstand gezogen wurde, erfüllte der Frontoffizier Alexander weiterhin die für ihn primären militärischen Anforderungen. Der Gelehrte und Dichter erfuhr eine zusätzliche Prägung durch die Verinnerlichung der Existenz des Offiziers, die er sein Leben lang bewahrte.

Wesentlich klarer liegen die Dinge von Anfang an bei Alexanders Verhältnis zur nationalsozialistischen Ideologie, vor allem zu Geschichtsbild und Rassenlehre. Wie seine Habilitationsschrift dokumentiert, war sein universalhistorisches Geschichtsbild schon zu Beginn der dreißiger Jahre gefestigt. Wie an anderer Stelle näher ausgeführt wird, provozierte bereits sein Vortrag auf dem Erfurter Historikertag die dem Germanenkult und der Rassenideologie verpflichteten NS-Historiker zu mehrtägigen Diskussionen.

Am aufschlußreichsten und eindeutigsten ist Graf Stauffenbergs Ablehnung des Rasse-Begriffes und dessen Dominanz im Sinne der NS-Ideologie dann in seinem Beitrag «Die großen Wanderungen und das Hethiterreich» von 1941, dessen Inhalt und Publikationsgeschichte später ausführlicher geschildert werden. Doch weitaus bedeutsamer als alle intellektuellen Äußerungen auf diesem Gebiet erscheint dem Verfasser eine für Alexander auf existentieller Ebene liegende Tatsache: Seine Ehe mit Melitta Schiller, deren Herkunft väterlicherseits aus einer jüdischen Familie der Karriere eines jungen Gelehrten in den Augen der NS-Repräsentanten gewiß nicht gerade förderlich war. Die Ablehnung der menschenverachtenden Rassenlehre der Nationalsozialisten durch Alexander von Stauffenberg kann schwerlich glaubwürdiger untermauert werden als durch diesen Schritt.

Melitta Gräfin Stauffenberg Melitta Schiller, Alexander von Stauffenbergs erste Frau, wurde am 9.1.1903 in Krotoschin, der damaligen preußischen Provinz Posen, geboren.[1] Sie entstammte einer großbürgerlichen Familie: Ihr Vater Michael Schiller, der als preußischer Baurat wirkte, war als Angehöriger einer reichen jüdischen Familie zunächst in Odessa aufgewachsen; ihre Mutter, Tochter eines Bromberger Schulrats, blieb gläubige Protestantin. Schon während ihrer Schulzeit, zuletzt am Gymnasium Hirschberg, wo sie im Jahre 1922 ihr Abitur ablegte, war Melitta durch ihre herausragende Begabung in Mathematik und Physik, aber auch durch ihre Begeisterung für den Segelflug aufgefallen. Daneben zeichnete sie sich durch künstlerische Leistungen aus, die ihren Ausdruck später vor allem in plastischen Arbeiten fanden, so in einer eindrucksvollen Büste ihres Mannes fanden.

Zwischen 1922 und 1927 konnte die junge Frau – nach der Inflation unter schwierigsten materiellen Voraussetzungen – an der Technischen Hochschule in München ein Studium mit dem Schwerpunkt im mathematisch-naturwissenschaftlichen Sektor absolvieren, wobei neben Technischer Physik auch flugmechanische Vorlesungen im Mittelpunkt standen. Möglich wurde dies nur dadurch, daß Melitta ihren Kommilitonen Nachhilfestunden gab und Examensvorbereitungen betreute. Gleichzeitig nutzte die Studierende jede Chance, um persönliche Flugerfahrungen zu gewinnen. Die Verbindung von theoretischer wissenschaftlicher Arbeit mit praktischer Pilotenaktivität sollten ihr ganzes Leben hindurch Signum der für sie charakteristischen Existenz bleiben. Parallel hierzu erwarb sie nacheinander sämtliche Flugscheine, absolvierte auch Blindfluglehrgänge und bemühte sich, als Pilotin alle damals wichtigen Flugzeugtypen zu steuern.

Während ihrer Arbeit in der Deutschen Versuchsanstalt für Luftfahrt in Berlin-Adlershof, in der sie seit 1927 tätig war, lernte Melitta ihren Kollegen, den späteren Professor Paul von Handel kennen, der sie auch zu seiner Hochzeit mit Elisabeth Gräfin Üxküll, einer Verwandten der Stauffenbergs, am 9.4.1931 in Berlin-Zehlendorf einlud. Dort begegnete sie dem Grafen Alexander Stauffenberg – und damit ihrem späteren Mann.

Nachdem Alexander 1936 zum außerordentlichen Professor der Alten Geschichte in Würzburg ernannt worden war, konnte er am 11.8.1937 seine langjährige Gefährtin heiraten. Er bewies damit in jedem Falle Mut – wenn auch der Kulturbruch des Holocaust damals noch nicht vorauszusehen war: Während Melitta Schiller noch am 7.5.1940 von der zuständigen Stelle als «jüdischer Mischling mit zwei der Rasse nach volljüdischen Großeltern» bewertet wurde, dekretierte die Reichskanzlei am 30.6.1941: «Der Führer hat die Melitta Klara Gräfin von Stauffenberg geborene Schiller … deutschblütigen Personen gleichgestellt.»[2]

Paul von Handel, der beide Ehepartner persönlich näher kannte, hat deren Ehe wie folgt beschrieben: «Alexander war ein stark musisch und dichterisch veranlagter Mensch, ein Denker und Träumer, nicht ein ‹Mann der Tat›. Litta war, wie in fast jeder Beziehung, alles zusammen. Sie konnte denken und träumen, aber im Alltag des Berufs und des Hauses, wenn es darauf ankam, war sie voll Energie und Tatkraft. Diese charakterlichen Verschiedenheiten der Ehepartner aber schienen sich mir sehr glücklich zu ergänzen. Im praktischen Leben ihrer Ehe war Litta tonangebend. Nicht weil sie ihren Mann dominieren wollte, sondern weil sie ihm die Sorge um den Alltag abzunehmen bestrebt war und er ihr dafür dankbar gewesen ist. Sie achtete seine besonderen Anlagen, und er achtete die ihren, das war eine gesunde und natürliche Basis der Ehe, die glücklich

Abb. 7 *Hochzeit von Elisabeth Gräfin Üxküll mit Paul Freiherr*
von Handel am 9. April 1931 in Berlin-Zehlendorf. Links vorn
Alexander und Berthold Stauffenberg, siebter von links
Nikolaus Graf Üxküll («Onkel Nux») in Uniform; rechts vom
Bräutigam Claus Stauffenberg in Uniform, an seiner
rechten Seite Melitta Schiller, die spätere Frau Alexander von
Stauffenbergs

Abb. 8   Melitta Gräfin Stauffenberg

gewesen ist, obwohl – oder gerade weil – die Ehepartner so ver-
schieden veranlagt waren.»[3]

In der ganzen Folgezeit gab Melitta ihre anspruchsvolle und stark
belastende flugtechnische und fliegerische Doppeltätigkeit nicht
auf. Ihre ganz ungewöhnlichen Leistungen wurden auch durch eine
ungewöhnliche Ehrung anerkannt: 1937 wurde ihr als zweiter
Deutscher, nach ihrer Rivalin Hanna Reitsch, die Dienstbezeich-
nung «Flugkapitän» verliehen.

Nach Kriegsbeginn änderten sich wohl die Luftwaffen-Forschungs-
einheiten, denen sie zugeteilt wurde, nicht dagegen die hohe Wert-
schätzung und Bewunderung, die ihr zuteil wurden. So beurteilte
der Oberst im Generalstab der Luftwaffe und Chef für Technische
Entwicklung im Technischen Amt, Dr. Georg Pasewaldt Gräfin
Stauffenberg damals folgendermaßen: «Ich möchte sogar sagen,
daß die geradezu einmalige Lebensauffassung, die sie in dem wahrhaft tödlichen Ernst ihrer Arbeitsweise in einsamster Zurückhaltung – fern jeglichem, auch nur leisestem Anflug von Geltungsbe-
dürfnis – zur Lösung von Aufgaben befähigt hat, die an sie sowohl
physische Höchstanforderungen stellten als auch in materieller,
technischer Bewertung, gar nicht hoch genug veranschlagt werden
konnten.»[4]

Seit dem Frühjahr 1942 gehörte Gräfin Stauffenberg dann der
Technischen Akademie der Luftwaffe in Berlin-Gatow an, wo in ihr
Arbeitsfeld einerseits die Fortsetzung der Sturzflugstudien mit der
JU 88 und JU 87 fielen, andererseits die Entwicklung eines speziellen Nachtlandegerätes für die einmotorige Nachtjagd. Die herausragende Bedeutung ihrer Leistungen war nicht mehr zu übersehen.
So wurden ihr im Januar 1943 als vierter Frau während des II. Weltkrieges das Eiserne Kreuz 2. Klasse sowie das Militärfliegerabzei-
chen in Gold mit Brillanten und Rubinen verliehen. Das Jahr 1944
brachte dann zunächst die letzten Veränderungen und die organisatorische Neustrukturierung ihrer Arbeit durch ihre Ernennung zur
Leiterin der «Versuchsstelle für Flugsondergerät» in Berlin-Gatow.
Diese herausgehobene Stellung sollte Gräfin Stauffenberg zwar am

1. Mai 1944 antreten, konnte sie jedoch wegen der folgenden Ereignisse dann nur periodisch ausüben.

Es steht heute fest, daß der Attentäter Claus Graf von Stauffenberg seine Schwägerin von dem bevorstehenden Anschlag auf Hitler informierte und sie bat, ihn dabei durch Flüge mit dem ihr zur Verfügung stehenden «Fieseler Storch» zu unterstützen. Melitta sagte zu, doch als ihr Freund, Prof. Dr. Paul von Handel, der ebenfalls eingeweiht war, von diesen Absichten hörte, war er entsetzt und riet Melitta dringend, Claus davon zu überzeugen, daß der langsame «Fieseler Storch» für jene Einsätze völlig ungeeignet war. Da vor und nach dem Attentat alles auf möglichst rasche Transporte ankam, sah auch Claus dies ein und organisierte andere Flugverbindungen. Immerhin belegt dieser Plan, wie sehr er seiner Schwägerin vertraute.

Nachdem Alexander seine Frau am 23. Juli 1944 aus Griechenland über den Stand der Dinge informiert hatte, wurde sie selbst am 25. Juli zunächst in Untersuchungs-, später in Sippenhaft genommen. Sie hatte dabei das große Glück, daß ihr Fall von Regierungsrat Opitz bearbeitet wurde, einem offensichtlich humanen, ihr überraschend wohlwollend gesinnten Beamten, der alle nur denkbaren Schritte unternahm, um ihr Erleichterungen zu verschaffen und sie möglichst bald wieder zu entlassen.

Gleichzeitig profitierte die Gräfin von den zahlreichen Initiativen und Vertrauenserklärungen ihrer Kommandeure und Vorgesetzten, die sich entschieden für sie einsetzten. Da auch Opitz für sie gebürgt hatte, wurde sie schließlich am 2. September wieder auf freien Fuß gesetzt. Schon am Tag darauf nahm sie ihre Sturz- und Nachtflüge wieder auf. Melittas Belastungen waren indessen nur noch größer geworden. Sie erreichte, daß sie den inhaftierten Alexander mindestens einmal im Monat sehen, ermutigen und unterstützen konnte. Ihre beispiellose, unermüdliche Fürsorge galt in gleicher Weise auch allen übrigen Angehörigen der Toten und der Gefangenen. Melitta sorgte für die Stauffenbergs und deren Verwandte, half, wo sie konnte, mit Lebensmitteln und Kleidung, suchte an Weihnachten 1944 Ninas, der Witwe des Attentäters, überwachte Kinder auf, verwöhnte sie durch Geschenke und informierte die Mutter ausführlich über deren Befinden, nachdem diese fünf Monate lang nichts mehr von ihren Kindern gehört hatte.[5]

Vor allem aber war ihr kein Weg zu weit, um zu ihrem Mann vorzudringen. Am 6. April 1945 hatte sie schließlich in Marienbad eine unbewaffnete Bücker 181 übernehmen können, mit der sie zu den Häftlingen fliegen wollte, die sich inzwischen in Schönberg, rund 40 km nördlich von Passau befanden. Am 8. April 1945 wurde sie mit dieser Maschine – mit größter Wahrscheinlichkeit – gegen 7.40 Uhr von dem amerikanischen Leutnant Thomas in der Nähe von Straubing abgeschossen.[6]

In einem Schreiben vom 24. September 1952 an Walter Hammer in Hamburg berichtete Alexander Stauffenberg über die Vorgänge: «Sie ist zwar noch lebend geborgen worden, aber auf ihrer Fahrt ins Krankenhaus gestorben. Ich hatte sie wenige Wochen vorher zum letzten Mal in Buchenwald gesehen, wo sie mich mit einer vom Reichssicherheitshauptamt ertrotzten Besuchserlaubnis aufgesucht hatte. In Straubing hat man bei der Toten einen weiteren offiziellen Erlaubnisschein des RSH, mich zu besuchen, aufgefunden, ferner ihren ganzen Schmuck und sämtliche von unseren Bankkonten abgehobenen Gelder. Ich glaube daraus schließen zu müssen, … daß sie mich aufsuchen und nach Möglichkeit mit mir in ihrer Maschine entkommen wollte (Schweiz?). Nachdem ich in die Freiheit zurückgekehrt war, ist es mir nach monatelangen Bemühungen im Sept. 1945 gelungen, ihre Leiche exhumieren zu lassen, sie umzubetten und endgültig auf dem Familienbegräbnis in Lautlingen (Württ.) bestatten zu lassen.»[7]

Alexander hat seiner Frau in dem Gedicht «Litta» gedacht:

LITTA

Nun ward es herbst : der schwermut wolken hangen
Ob dürrem land wo seither tag um tag
Des sommerbrands gepränge sengend lag
Heillos mit aller glut und allem bangen

Und pausenlos rauscht vor den fenstern verspätete labe

Den dürren gräsern und den trocknen schollen . .
Mein sang aus angedenken reifer qual
Benezt mit meiner wunden scharlachstrahl
Hat dich geliebte noch begrüssen wollen

Du nächste und fernste · der götter erlesenste gabe.

Nach mancher genien ehrendem besuch
Aus dem bezirk der sterne harr ich deiner :
Gib deiner strengen anmut licht mit reiner
Segnender hand in dieses dunkle buch

Dass mein sei für immer erhöht einst süsseste habe.

Dass sie von denen sei die im geblüte
Der Obern spende tragend einzig sind
Das ehrten still die nächsten schon im kind –
Das deutete am zarten stiel die blüte

Die fürder aus luft und aus sonne aus krume und feuchte

Die säfte sog daraus sie farbenvoll
Die kühnen blätter spreitend sich entfaltet ·
Einsam doch unverkennbar herrisch waltet
In blumiger schar die stumm ihr dienen soll –

Und der doch voll trauer die eigene fremdheit bedeuchte.

Enträt wer seinesgleichen in des strebens
Bemühtheit im genuss geballter kraft
Dann gibt nur eins: des todes nachbarschaft
Das höchste jubelnde gefühl des lebens :

Der steigenden hoch im gebirg die enthülltere leuchte.

Im anverwandten element das pfeifen
Des sturms der kühnen schwimmerin im meer –
Und nah dem äther frevelnder begehr
Wann schlanke hände in die wetter greifen

Metallenes Werkzeug die lockung der erde betrügend . .

Dann zog sie aus und forschte im gedröhn
Verworrener welt nach einem seelenklange
So reich und dunkel der sie ganz umfange
Ihr sehnen stillend ahndungsvoll und schön

Geläuterte form dem unfehlbaren auge genügend.

Die jahre da der gott den wunsch gewährte
Hat der verflochtenen zauberstab berückt :
Sie schritt im strahl beglückend und beglückt
Durch eine welt voll morgenlicht und zärte

Zum stolz der gebietet des herzens verschwendungen fügend.

Und aus entbundner hände formkraft wuchs
Ihr bild um bild dess was ihr edel scheine :
– Der ritterliche Ältre und der Eine –
Nun einzig zeugnis ihres erdenflugs :

Der geistige hauch mit der bildnerin hoheit in ihnen . .

Dies sank in finsternis da donner rollten
Mit fahlen blitzen über land und meer.

Abb. 9   Melitta am Steuer einer JU 88

Nur eins schien rein und fraglos : blutige wehr
Befleckter heimat der die geister grollten

Vergebliches opfer und sinnlos zehrendes dienen.

Dann kam der tag undeutbar dunklen fluchs
Des bruders aufruhr wider alles niedre
Dem einmal hoher heroldsruf erwidre
Und trug des lezten rettenden versuchs

Und abschied lag über den seelen in schauernden mienen.

Dies krönt auch dein geschick – nun kam das letzte ·
Lichtbringerin im gram der kerkernacht.
Der stärkung süssigkeit des trostes fracht.
Antlitz das huld und harm mit tränen nezte

Und wie dir gebührte das einsame ende der helden.

Denn dunkle kunde was hat sie erzählt? :
Es hat dem äther die entflammte seele
Der tod nach uranfänglichem befehle
Im kühndurchstreiften wolkenraum vermählt

›Auf dem felde der ehre‹ so war der botschaft vermelden.

Und mit dem brüderlichen paare leuchtet
Vor uns dein siegreich antlitz und verspricht
In aller schmach das künftige gericht
So wie ihr jüngst die fremde rotte scheuchtet

Unzählbare weckend : die heilenden retter und helden.

Alexander Schenk Graf von Stauffenberg

V   DIE MÜNCHNER JAHRE

1. Die Anfänge

Wie an allen deutschen Hochschulen der westlichen Be-
satzungszonen, so dominierten auch an der Münchner Ludwig-Maximilians-Universität in den Jahren unmittelbar nach dem Ende der
NS-Diktatur sehr widersprüchliche Tendenzen. Einerseits waren die
Fakultäten durchaus bereit, sich von den Exponenten und Exzessen
der nationalsozialistischen Ära demonstrativ zu distanzieren und
nach ihren Möglichkeiten «Wiedergutmachung» zu leisten, andererseits wurde versucht, gegenüber ehemaligen Kollegen, die von
den Militärregierungen entlassen worden waren, so weit es ging,
Solidarität zu wahren. Dies galt insbesondere für jene Professoren,
die über einen hohen wissenschaftlichen Rang verfügten und die
schwerste existentielle Kriegsverluste hatten hinnehmen müssen.

Innerhalb dieses Rahmens ist auch die Münchner Konstellation
in der Alten Geschichte zu sehen. Der bisherige Ordinarius Helmut
Berve,[1] der während der NS-Ära mehrere Jahre als Rektor der Universität Leipzig und als «Kriegsbeauftragter der deutschen Altertumswissenschaft» gewirkt hatte, sich dazuhin als entschiedener
Vertreter der NS-Rassenlehre in der Alten Geschichte hervortat,
hatte seine Stelle durch einen Befehl der amerikanischen Militärre-
gierung vom 12. Dezember 1945 verloren, gegen diese Entscheidung jedoch sogleich Widerspruch eingelegt. Sein Entnazifizie-

rungsverfahren mußte sich voraussichtlich über längere Zeit hi ziehen.

Als die Münchner Universität im Jahre 1946 wiedereröffnet wurde, hatte zunächst der 78jährige Emeritus und Geheimrat Ernst Kornemann[2] die Vertretung der Disziplin Alte Geschichte übernommen. Gleichzeitig begannen erste Sondierungen über die Wiederbesetzung des althistorischen Lehrstuhls. Wie aus einem von Wolfgang Günther[3] ermittelten Schreiben des damaligen Dekans der Philosophischen Fakultät, des Ägyptologen Alexander Scharff, an den Rektor, Professor Dr. Karl Vossler vom 30. März 1946 hervorgeht, hatte Kornemann schon während der ersten Beratungen auf Stauffenberg hingewiesen.

«Ich schließe mich dessen (sc. Kornemanns) Ausführungen an, daß für Prof. Stauffenberg unbedingt etwas geschehen muß, daß aber in unserer Fakultät kein Platz für ihn ist.» Da Scharff die Stelle, solange es irgend ging, für Berve freihalten wollte,[4] trat eine prekäre Situation ein, als Kornemann schon im Dezember 1946 starb. Dabei wird oft übersehen, daß das bayerische Kultusministerium gegenüber Stauffenberg unter dem Zwang der Wiedergutmachung stand.[5] Ihm gegenüber dem umstrittenen Helmut Berve den Vorzug zu geben, war in der damaligen Lage ein politischer Skandal.

Nach Kornemanns Tod sah sich die Fakultät zu sofortigem Handeln gezwungen. Mit der Vertretung des Lehrstuhls wurde damals der Dozent Hermann Strasburger beauftragt, ein Schüler Matthias Gelzers, dem unter den Nationalsozialisten schwerstes Unrecht geschehen war.[6] Gleichzeitig wurde der jüdische Emigrant Victor Ehrenberg, ein hervorragender Vertreter der Griechischen Geschichte und Berves Kontrahent in den zwanziger und dreißiger Jahren,[7] auf den Lehrstuhl berufen.

Ehrenberg war seit 1929 als Althistoriker an der Deutschen Universität in Prag tätig gewesen, gleichsam in letzter Stunde vor der Bildung des Protektorats emigriert und lebte seitdem mit seiner Familie unter ärmlichsten Verhältnissen als Emigrant in England. Doch, was niemand erwartet hatte, geschah: In einem souveränen Schrei-

ben vom 20. Februar 1947, einem wahren *document humain,* lehnte
Ehrenberg den Ruf aus moralisch-politischen Gründen ab: «Ich finde
es unmöglich, jetzt nach Deutschland zurückzukehren, sozusagen in
der Woge einer ‹Konjunktur›, die die abgelöst hat, die mich vertrie-
ben hat. … Sie werden mein Empfinden und meine Absage vielleicht
am ehesten verstehen, wenn ich Ihnen sage, daß eine Schwester meiner Frau von München aus deportiert und dann ermordet wurde. Andere Verwandte und Freunde sind auf ähnliche Weise umgekommen.
Das sind Dinge, die sich nie vergessen lassen.»[8] Wie sich aus den Akten ergab,[9] wurde nun einerseits eine ganze Reihe von Namen vorge-
schlagen und diskutiert, andererseits setzte sich jetzt auch Stauffenbergs Verleger Hermann Rinn beim Ministerium persönlich für
seinen Autor ein. Offensichtlich gelang es ihm, den Staatssekretär
Dr. Dieter Sattler für Stauffenberg zu mobilisieren. Das Resultat der
vielfältigen Überlegungen und Einflüsse war schließlich ein Kompro-
miß: In dem Listenvorschlag, den die Fakultät dem Ministerium am
27. Oktober 1947 vorlegte, stand Herbert Nesselhauf[10] an erster
Stelle, Hans Schaefer[11] an zweiter, Graf Stauffenberg auf Platz 3.
Gleichzeitig trat die Fakultät noch einmal nachdrücklich für die Wie-
dereinsetzung Helmut Berves ein – ihrer Meinung nach «die beste
und vollkommenste Lösung».[12] Das Ministerium entschied sich dennoch für Stauffenberg, der den Ruf am 22. Dezember 1947 erhielt
und am 30. April 1948 zum Ordinarius ernannt wurde.

Aus dem Rückblick ergibt sich, daß Graf Stauffenberg seine Berufung der Priorität politischer Kriterien verdankte, was auch für
die beiden anderen Namen der Liste gilt – und ebenso für die Nicht-
berücksichtigung Berves.

2. Der neue Wirkungsrahmen

Institutionen – Kollegen – Mitarbeiter Graf Stauffenbergs neue Wirkungsstätte am Lehrstuhl für Alte Geschichte be-
fand sich in einem desolaten Zustand, als er das Ordinariat über-

*Abb. 10   Alexander von Stauffenberg, 1946, im Garten
bei Gemma Wolters-Thiersch in Überlingen/Bodensee*

nahm.[13] Ein selbständiges und materiell einigermaßen befriedigend ausgestattetes Seminar existierte nicht; die durch Kriegsverluste dezimierte althistorische Bibliothek war zunächst in das Seminar für Klassische Philologie integriert. Die organisatorische Neustrukturierung und damit in direktem Zusammenhang der Aufbau einer adäquaten Studienbibliothek, verbunden mit einer ersten Mitarbeiterstelle konnten nur schrittweise erfolgen und erforderten Stauffenbergs kontinuierlichen Einsatz.

Seine organisatorische Beanspruchung verdoppelte sich noch, als es ihm – unter Mithilfe von Hermann Bengtson und Siegfried Lauffer – gelang, die 1951 in München angesiedelte «Kommission für Alte Geschichte und Epigraphik» zu realisieren,[14] an der sogleich ebenfalls der Aufbau einer Bibliothek erfolgte. Erst gegen Ende der fünfziger Jahre konnte schließlich die räumliche und materielle Ausstattung der Disziplin in München als einigermaßen befriedigend gelten.

Nicht geringere Bedeutung als dem materiellen und organisatorischen Rahmen, in dem Graf Stauffenberg zu wirken hatte, kam dem personellen Bereich zu, dem Kreis der Kollegen und Mitarbeiter, mit dem er wechselseitig verbunden war. Als erster stieß hier der heute nur noch wenig bekannte *Fritz Rudolf Wüst*[15] (19.9.1912–5.4.1993) zu ihm, dessen Leben wie bei so vielen seiner Generation durch die politischen und militärischen Ereignisse nachhaltig beeinflußt worden war. Wüst stammte aus armen Verhältnissen. Sein Vater war im I. Weltkrieg gefallen, das Vermögen der Familie durch die Inflation vernichtet. Da ihn seine verwitwete Mutter nur in bescheidenem Umfang unterstützen konnte, war er lange Zeit auf Stipendien und eigene Arbeit in den verschiedensten Bereichen angewiesen. Dennoch konnte der aus Glatz stammende und in der Rheinpfalz aufgewachsene Wüst seit dem Sommersemester 1932 in München Geschichte, Klassische Sprachen und Deutsch studieren, wobei sein besonderes Interesse schon früh auf dem Bereich des griechischen Altertums lag. Wie Helmut Berve und Hermann Bengtson, so schloß auch er sich Walter Otto[16] an, der sein wichtigster Lehrer und Förderer werden sollte und ihn auch ermutigte, die wissenschaftliche Laufbahn einzuschlagen.

Nach den schon 1936 und 1937 abgelegten Prüfungen für das höhere Lehramt wurde er 1938 «mit ausgezeichnetem Erfolg» promoviert. Im gleichen Jahr erschien seine Dissertation: «Philipp II. von Makedonien und Griechenland in den Jahren 346–338». Zugleich wurde ihm auch ein Lehrauftrag an der Universität zur Durchführung lateinischer Sprachkurse übertragen, der ihm vor allem die Finanzierung seiner Habilitation ermöglichen sollte.

Wie so viele soziale Aufsteiger seiner Generation, so hatte sich auch der konservative und idealistische Wüst schon zu Beginn seines Studiums nationalsozialistischen Formationen angeschlossen: 1933 der SA, 1933/4 dem NS-Studentenbund; 1937 wurde er «Parteigenosse». Daß sich damit möglicherweise auch die Hoffnung auf persönliche Förderung verband, ist wohl nicht auszuschließen.

Existentiell nicht weniger bedeutsam wurde sein militärischer Einsatz zwischen 1939 und 1945, obwohl er als einziger Sohn einer Kriegerwitwe nicht an der Front eingesetzt wurde. Dagegen scheiterten alle Versuche, dem Habilitanden durch die Gewährung einer Beurlaubung den Abschluß seiner Habilitationsschrift und des Verfahrens zu ermöglichen. Am schlimmsten traf Wüst jedoch der überraschende Tod seines Lehrers und umfassend wirkenden Betreuers Walter Otto am 1. November 1941. In ihm hatte er nicht nur den kompetenten wissenschaftlichen Meister verloren, sondern zugleich den ihm persönlich nahestehenden und menschlich vertrauten Helfer und Freund. Was dies konkret bedeutete, sollte er erfahren, als er sich entschloß, trotz aller Schwierigkeiten im Sommer 1942 das Habilitationsverfahren einleiten zu lassen.

Wüsts anspruchsvolle Habilitationsschrift «Koine Eirene. Die Entwicklung der politischen Ausdrucksformen des Panhellenentums in der Zeit vom sechsten Jahrhundert bis zum Beginn des Hellenismus» wurde zwar von den beiden Hauptgutachtern Hermann Bengtson und Franz Dirlmeier positiv beurteilt, doch rief insbesondere Wüsts «Lehrprobe» über das Thema «Themistokles als Politikos» starke Kritik hervor. Diese wurde zwar unter Hinweis auf die bekannte erfolgreiche Lehrtätigkeit Wüsts in der Vergangenheit relativiert, ebenso wurden die besonderen Umstände des Verfahrens berücksichtigt, das deshalb auch positiv abgeschlossen werden konnte, doch war nicht zu übersehen, daß es sich dabei um einen Gnadenakt der Fakultät handelte, um eine Habilitation 2. Klasse, die Wüst verletzte.

Wüsts Zweifel, ob er überhaupt für die Hochschullehrerlaufbahn geeignet sei, saßen tief, sie verstärkten sich noch, als er am 1. Juli 1943 zum Studienrat ernannt wurde – dies, ungeachtet seiner längeren Beurlaubungen. Doch Dekan Franz Dirlmeier hielt an ihm fest. Nach weiteren Verzögerungen erreichten Wüst im Frühjahr 1944 die Urkunde seiner Ernennung zum Dozenten und die Erteilung der Lehrbefugnis. Doch am gleichen Tag wie Helmut Berve, am 12. Dezember 1945, wurde auch Wüst seines Dienstes als Dozent enthoben.

Erst am 28. Juni 1948 erhielt er die Lehrbefugnis zurück; am 1. September 1948 nahm er seine Tätigkeit am Münchner Wilhelms-Gymnasium wieder auf und mit dem Beginn des Sommersemesters 1949 auch seine Funktion als Privatdozent. Damit begann eine jahrelange Doppelbelastung, da Wüst schon aus materiellen Gründen die Tätigkeit als Gymnasiallehrer beibehalten mußte. Versuche Graf Stauffenbergs, ihn zum außerplanmäßigen Professor ernennen zu lassen, führten erst nach der Überwindung starker Widerstände am 12. Dezember 1958 zum Erfolg. Es war naheliegend, daß Wüst als Themen seiner Lehrveranstaltungen nach dem Beginn seiner Tätigkeit am Seminar für Alte Geschichte vor allem Probleme der Griechischen Geschichte wählte, insbesondere solche aus dem Bereich seiner persönlichen Studien. So begegnen in den Vorlesungsverzeichnissen vor allem Veranstaltungen aus dem 4. Jahrhundert v. Chr. sowie über Alexander den Großen und den Hellenismus; lediglich zwei Seminare und eine Vorlesung waren der Römischen Geschichte gewidmet.[17]

Der Vorzug von Wüsts Lehrveranstaltungen lag in deren nüchterner und sachlicher Vermittlung jener Sachverhalte, die für die späteren Gymnasiallehrer im Mittelpunkt stehen mußten; seine Erfahrungen waren durchaus imponierend. Generell repräsentierte er die Verbindung zwischen Gymnasium und Wissenschaft. Es ging ihm insbesondere darum, schon dem Studienanfänger die Erfordernisse des späteren Berufs ins Bewußtsein zu führen und vor dem Hintergrund seiner engen Verbindung zur Schulabteilung des Ministeriums deren Wünsche und Anforderungen zu vermitteln. In einem Augenblick, da sich eine intensivere Studienberatung erst zu entwickeln begann, waren Wüsts Empfehlungen besonders wertvoll. Daß darüber seine eigene wissenschaftliche Produktion[18] zu kurz kommen mußte, nahm er hin; er hat nicht einmal seine Habilitationsschrift überarbeitet drucken lassen.

So wertvoll, ja unentbehrlich Wüsts Tätigkeit in der ersten Nachkriegszeit für das Münchner althistorische Seminar gewesen ist – ihn selbst mußte sie auf die Dauer enttäuschen, da sich an seiner Stellung im Fach nichts änderte und er bei Berufungen nicht berücksichtigt wurde. Zugleich fiel ihm die anspruchsvolle Doppelbelastung immer schwerer. So verzichtete er am 31. Juli 1962 auf seine venia legendi und ließ sich zugleich an das Chiemgau-Gymnasium in Traunstein versetzen, an dem er auch am 1. Februar 1976 als Studiendirektor in Pension ging. 17 Jahre später starb er im oberbayerischen Grassau.

Wie Fritz Wüst, so war auch *Hermann Bengtson* (2.7.1909–2.11.1989)[19] ein Schüler Walter Ottos und hatte ähnliche Erfahrungen zu bestehen wie sein Kommilitone, insgesamt jedoch, vom Ende her gesehen, einen sehr viel erfreulicheren Lebensweg.

Persönlich, in seinem Geschichtsbild und in seinen Methoden war Bengtson durch Otto noch wesentlich tiefer geprägt worden als Wüst. Sein erstes Hauptwerk, «Die Strategie in der hellenistischen Zeit», das ihm (damals durchaus üblich) sowohl als von Otto betreute Dissertation wie als Habilitationsschrift (1939) gedient hatte, dokumentiert dies ebenso wie seine gesamte spätere Tätigkeit. Nach dem Tod seines Lehrers und Vorbildes war es daher naheliegend, daß ihm 1942 auch die Lehrstuhlvertretung in München übertragen wurde. Unmittelbar darauf folgte seine Berufung an die Universität Jena. Nach der Entlassung aus amerikanischer Gefangenschaft sah sich Bengtson gezwungen, seine Position in Jena, unter Verlust seiner Bibliothek, aufzugeben und nach München zu fliehen, wo er zunächst völlig ungesicherte, mittellose Jahre durchzustehen hatte.[20] Obwohl schon im Frühjahr 1948 entnazifiziert und – verbunden mit einer Verurteilung zu einer für ihn beträchtlichen «Geldsühne» – als «Mitläufer» eingestuft, wurde ihm erst ein Jahr später die «Rückhabilitierung» von Jena nach München, verbunden mit der venia legendi in Alter Geschichte und der Ernennung zum außerplanmäßigen Professor, gestattet.

Praktisch lebte Bengtson jedoch von Vertragshonoraren und Honorarvorauszahlungen, so von der Betreuung von Ernst Kornemanns großer Darstellung «Weltgeschichte des Mittelmeerraumes von Philipp II. von Makedonien bis Muhammed» (2 Bde. München 1948–1949). Seine Lage verbesserte sich erst durchgreifend, als er 1951 zum ersten Assistenten der «Kommission für Alte Geschichte und Epigraphik» ernannt und schließlich ein Jahr später zum Ordinarius für Alte Geschichte in Würzburg berufen wurde. Damit hatte er die entscheidende berufliche Stufe erreicht: 1959/60 in Würzburg zum Rektor gewählt, nahm er 1963 einen Ruf nach Tübingen (als Nachfolger Joseph Vogts) an. Daß er dann nach dem Tode Graf Stauffenbergs im Jahre 1964 zwei Jahre später dessen – und damit Walter Ottos – Lehrstuhl einnehmen würde, hatte er selbst kaum für möglich gehalten.

Hermann Bengtson war nach 1945 ein Mann der ersten Stunden.[21] Er sah, daß es in seiner Disziplin vor allem darauf ankam, einerseits solide Grundlagen zu schaffen, andererseits die Resultate der jüngsten internationalen Forschungen zu erfassen und zu vermitteln. Die Verlage setzten auf neue Handbücher, die dem gerecht wurden und entsprechende Auflagen erwarten ließen. Da er selbst auf höhere Honorare angewiesen war, machte Bengtson aus der Not eine Tugend.

Auch seine Lehrveranstaltungen waren von diesem Tenor bestimmt. Bengtson war kein mitreißender Redner, aber ein erfolgreicher Vermittler. Das einzige rhetorische Zugeständnis, das er in den Vorlesungen machte, war die Einschaltung von Anekdoten zu zentralen Problemen und Quellenfragen oder Gelehrten. Auch in diesem Bereich waren seine Kenntnisse stupend. Sympathisch berührte daneben sein Verständnis für die oft existentiellen Probleme seiner Studierenden, Mitarbeiter und jüngeren Kollegen. Alles aber war getragen von einem ununterbrochenen Einsatz für seine Sache, in der er ganz aufging.

Das weitere Schicksal von *Helmut Berve* (22.1.1896–6.4.1979) hat L.-M. Günther[22] erstmals mit großer Akribie ermittelt. Danach endete das Spruchkammerverfahren nach Berves erfolgreichem Widerspruch am 26. Juli 1948 mit Berves «Entlastung». Nach längeren Bemühungen gelang es ihm auch, im Februar 1949 in die Bayerische Akademie der Wissenschaften wiederaufgenommen zu werden und am 30. Mai 1949 erneut die venia legendi zu erhalten und zum außerplanmäßigen Professor ernannt zu werden. So erfreulich diese Fortschritte für Berve waren, so prekär blieb seine materielle Lage. Da er zunächst weder Gehalt noch Hörgelder erhielt, war er ähnlich wie Bengtson auf die Unterstützung seiner Verleger angewiesen.

Besonders großzügig erwies sich ihm gegenüber der C. H. Beck Verlag, für den er den zweiten Band des Handbuches von M. P. Nilsson «Geschichte der Griechischen Religion» (1950) zum Druck vorbereitete und den er daneben in wissenschaftlichen Fragen beriet. Hinzu kamen die Autorenhonorare aus dem Absatz der zweiten Auflage seiner «Griechischen Geschichte» im Herder-Verlag (1950/1). Insgesamt gesehen, hielten sich diese Einkünfte jedoch in engen Grenzen. In den schlimmsten Phasen lagen sie monatlich zwischen 100 und 200 Deutscher Mark. Gleichwohl begann Berve im Wintersemester 1949/50 erneut mit seiner anspruchsvollen Münchner Lehrtätigkeit. Neben einem Zyklus zur Römischen Geschichte und spezielleren Vorlesungen zu griechischen Themen und konventionellen Sachgebieten setzte er in Übungen zur griechischen Tyrannis und zur Geschichte der Römer in Süddeutschland

neue, persönliche Akzente.[23] Schon ein Jahr später, 1950/1, übernahm er eine zweite volle Lehrtätigkeit an der Philosophisch-Theo-
logischen Hochschule in Regensburg, die zwar seine finanzielle
Lage wesentlich verbesserte, doch zugleich eine ungewöhnliche Be-
lastung darstellte. Endgültig gefestigt war seine Lage erst, als er im
Januar 1954 den Ruf auf das althistorische Ordinariat der Universität Erlangen erhielt.[24]

Spannungen zwischen Graf Stauffenberg und Helmut Berve waren in jenen Münchner Jahren unvermeidlich, obwohl selbst der
Berve-Schüler Alfred Heuß im Nachruf auf seinen Lehrer konsta-
tieren mußte, daß sich Stauffenberg gegenüber seinem Vorgänger
«ausgesprochen loyal»[25] erwies. Doch die Persönlichkeiten der beiden Männer, ihr Geschichtsbild, ihre Methoden, ihr Stil und ihre
Einstellung zum Nationalsozialismus und dessen Rassenideologie
waren viel zu unterschiedlich, als daß es zu einer harmonischen
Zusammenarbeit hätte kommen können.[26]

Siegfried Lauffer (4.8.1911–2.4.1986)[27] verdankte seine Münchner Laufbahn der ersten unabhängigen Personalentscheidung des
Grafen Stauffenberg. Unter den deutschen Althistorikern seiner
Generation war Lauffer eine ungewöhnliche Erscheinung, ungewöhnlich durch seinen Bildungs- und Werdegang, die Schwerpunkte seiner wissenschaftlichen Aktivitäten, seine Leistungen als passionierter Vermittler der Geschichte des Altertums, gleichgültig ob
als Gymnasiallehrer, Lektor und Lehrbeauftragter wie als Hochschullehrer und Reiseleiter. Seine Resonanz und sein Lehrerfolg
sprachen für sich selbst.

Der Schwabe Lauffer war in Stuttgart und Ludwigsburg aufge-
wachsen, hatte das evangelisch-theologische Seminar in Schöntal-
Urach besucht und dort 1930 sein Abitur abgelegt. Dem klassischen
Altertum und speziell der griechischen Geschichte gehörten von
Anfang an seine persönlichen Interessen. Zu Beginn der dreißiger
Jahre begann er in Tübingen, Berlin und Wien ein von Anfang an
breit angelegtes Studium, das er im Mai 1934 in Wien bei dem in-
ternational führenden Adolf Wilhelm abschloß. Für Wilhelm war

die Verbindung von Althistorie, speziell auch Wirtschaftsgeschichte, Epigraphik und Archäologie bezeichnend, ein Methodenfeld, das auch für Lauffer charakteristisch blieb, wie schon der Titel seiner Dissertation bezeugt: «Die platonische Agrarwirtschaft». Es folgten die Examina für das Lehramt an Gymnasien und zwischen 1936 und 1946 ein Wirken als Studienassessor im württembergischen Schuldienst, wobei anfänglich kürzere Vertretungen dominierten. Dabei wurde er zwischen 1937 und 1941 immer wieder zu epigraphischen und topographischen Forschungen beurlaubt, wobei Böotien und speziell das Kopaisgebiet[28] im Mittelpunkt lagen.

Bei der Beurteilung von Lauffers Tätigkeit in jenen Jahren sollte man nicht nur hervorheben, daß er 1941/2 Mitarbeiter des von dem angesehenen Spezialisten Richard Harder geleiteten NS-Instituts für indogermanische Geistesgeschichte war, sondern im Jahre 1941, nach der deutschen Besetzung Griechenlands, «21 Bewohner von Orchomenos aus den Händen der Gestapo»[29] befreite.

Zwischen 1942 und 1945 schloß sich auch für Lauffer der Dienst in der Wehrmacht an, den er zuletzt als Sanitätsunteroffizier der Luftwaffe in Berlin absolvierte. Dabei nutzte er jene Jahre zu weiteren althistorischen Studien und habilitierte sich schließlich kurz vor Kriegsende, am 15. Februar 1945 bei Wilhelm Weber an der Berliner Universität mit der nie veröffentlichten Arbeit «Imperium. Wandlungen und Fortdauer einer römischen Führungsform».

Nach kurzer russischer Gefangenschaft konnte Lauffer fliehen und im Sommer 1945 nach Tübingen zurückkehren. Dort übernahm er – noch bis ins Jahr 1952 gelegentlich fortgeführt – an verschiedenen Fakultäten der Universität damals zum Teil obligatorische und deshalb stets stark besuchte Sprachkurse, was auf die Dauer freilich seine wissenschaftlichen Ambitionen nicht befriedigen konnte. Der Weberschüler Joseph Vogt, der Graf Stauffenberg in Würzburg betreut und soeben in Tübingen erneut Lauffers pädagogische Passion kennengelernt hatte, gab die Anregung dazu, daß Stauffenberg diesen als Mitarbeiter gewann und dabei zugleich eine vertrauensvolle Beziehung herstellte, die über seinen Tod hinaus

andauerte.[30] Nach der auf Stauffenbergs Antrag genehmigten Um-
habilitation Lauffers von Berlin nach München wurde er dort im
Oktober 1949 zum Privatdozenten ernannt und ging Schritt um
Schritt seinen Weg über die Stufen der Hochschulhierarchie: Ende
1949 zunächst Hilfsassistent, am 28. Januar 1950 Assistent, 1. April
1955 Dozent, 24. Oktober 1955 außerplanmäßiger Professor, 24. Januar 1967 Ordinarius. Dabei sind die letzten Ernennungen gewiß
eine Folge der auswärtigen Rufe gewesen, die Lauffer damals nacheinander erhielt: 1963 Bonn; 1965 Salzburg; 1967 Wien auf die
«Lehrkanzel» seines verehrten Meisters Adolf Wilhelm, einen Ruf,
dessen Ablehnung ihm besonders schwer fiel.

Zweifellos stellten jene Rufe zugleich eine internationale Anerkennung jener Leistungen dar, die Lauffer inzwischen in Forschung
und Lehre erbracht hatte. Neben der Fortführung seiner schon er-
wähnten Böotien-Studien, die ihn bis zu seinem Tode beschäftigen
sollten, rückten nun insbesondere die Forcierung der antiken So-
zial- und Wirtschaftsgeschichte und vor allem die Erforschung der
antiken Sklaverei ins Zentrum seiner Arbeiten.[31] Schon im Jahre
1958 kündigte Lauffer an: «Ich bin bestrebt, im Einvernehmen mit
Graf Stauffenberg eine Art Arbeitsstelle für antike Wirtschaftsgeschichte hier in München einzurichten.»[32] Doch erst fünf Jahre später, 1963, konnte dieser Plan im Zusammenhang mit Lauffers Blei-
beverhandlungen realisiert werden.[33]

Wichtiger als die organisatorischen Verbesserungen waren indessen Lauffers einschlägige wissenschaftliche Arbeiten, so insbesondere das zweibändige Werk «Die Bergwerkssklaven von Lau-
reion» (Wiesbaden 1956/7) und die allgemein anerkannte Monographie «Diokletians Preisedikt» von 1971. Dazu kam eine ganze
Reihe von wertvollen Einzelstudien,[34] die dieses Problembündel
auch einem weiteren Leserkreis vermittelten sowie das nicht abgeschlossene Projekt der Sammlung antiker Preise und Löhne.[35]

Wie schon erwähnt wurde, war der grazile, kleine und alerte
Hochschullehrer in erster Linie ein passionierter Lehrer und Vermittler seiner Kenntnis der antiken Welt. Er hatte die Tür seines

Hörsaals noch nicht hinter sich geschlossen, da brach der Strom seines Wissens bereits aus ihm hervor. Und sein Lehrerfolg – Lauffer füllte selbst die großen Auditorien mit Studenten wie älteren Interessenten – gab ihm die schönste Befriedigung. Der Kreis seiner Vorlesungen umfaßte schließlich nicht weniger als neunzehn verschiedene Themen. Gleichzeitig bildeten sie die Grundlage für die verschiedenen Lehrmittel und Arbeitsinstrumente, mit denen er weithin bekannt wurde.[36]

Graf Stauffenbergs Lehrtätigkeit   Die persönlichen Voraussetzungen für Graf Stauffenbergs Münchner Lehrtätigkeit waren denkbar schlecht: Jahre waren vergangen, seit er anspruchsvollere Vorlesungen gehalten hatte. Sein Kontakt zur internationalen Spezialforschung war abgerissen; er konnte deshalb auch seinen eigenen hohen wissenschaftlichen Ansprüchen nicht gerecht werden. Dieses Bewußtsein belastete zunächst die neuen Anfänge.

Während Lauffer und Bengtson den meist ins Lehramt drängenden Studierenden ein konzentriertes Grundwissen vermittelten, Berve durch wissenschaftliche Kompetenz ebenso Hörer anzog wie durch seine persönliche Durchdringung des Stoffes und seine ihm eigene Rhetorik, mußte sich Graf Stauffenberg zuerst noch selbst umfassend in das sehr persönlich abgegrenzte und akzentuierte Fachgebiet einarbeiten. Während sich die Mehrzahl der deutschen Althistoriker in jenen Jahren mit großen Epochenvorlesungen begnügte, die Griechische Geschichte zum Beispiel lediglich in den geschlossenen Formationen Frühe, Klassische und Hellenistische Geschichte präsentierte, wurde Graf Stauffenbergs Lehrprogramm wesentlich differenzierter und auch in weiterem Rahmen abgesteckt. So waren seine ersten drei Vorlesungen den Themen «Der Alte Orient und der Eintritt der Indogermanen in die Weltgeschichte» (WS. 1948/9); «Die Welt des 2. Jahrtausends» (SS. 1949); «Frühgriechische Geschichte im Rahmen der Mittelmeergeschichte» (WS. 1949/50) gewidmet.

Ähnliche Kollegs über die Zusammenhänge zwischen dem Alten

Orient und der Gesamtmediterranen Geschichte wurden auch später gehalten. Dementsprechend lagen die wichtigsten Akzente der Übungen auf Themen aus dem Umkreis frühmediterraner Geschichte. In diesem Zusammenhang seien auch seine Seminare zur Linear B-Schrift erwähnt, doch hat Graf Stauffenberg daneben durchaus konventionelle Themen angeboten wie «Aristoteles. Staat der Athener» (SS. 1955), «Zur Gewaltherrschaft der Dreißig in Athen» (SS. 1957) oder eine Veranstaltung zum delisch-attischen Seebund (WS. 1963/4). Schon früh lassen sich zudem Stauffenbergs genuine Interessen an Sizilien und Pindar erkennen und ebenso die Dominanz von Dichtung und Denkmälern.

Doch auch der Römischen Geschichte galt ein Zyklus von Vorlesungen: «Altitalien und die römische Frühgeschichte» (WS. 1951/2); «Rom und die Mittelmeerwelt im 2. Jahrhundert v. Chr.» (SS. 1958); «Römische Geschichte von der Republik zur Monarchie. Caesar und Augustus» (SS. 1953); «Römische Kaiserzeit» (WS. 1953/4 bis WS. 1954/5).

Noch differenzierter sind die Seminare und Übungen zur Römischen Geschichte gewesen. Als charakteristisch für sein Erkenntnis- und Vermittlungsinteresse erscheinen die gemeinsam mit dem damaligen Konservator für Antike Numismatik an der Staatlichen Münzsammlung München abgehaltenen Einführungen in diesen Spezialbereich (SS. 1953–SS. 1954).[37]

Zu diesem persönlichen Profil, das dem Großteil der Auszubildenden häufig zu speziell erschien, kamen die Eigenart von Graf Stauffenbergs Sprache und Stil. Er lebte nun einmal in den spezifischen Formen des Georgekreises, die einer rationalen, nüchternen Gegenwart fremd waren. Doch Stauffenberg war darin zu keinen Kompromissen bereit und blieb bei seinen oft genug geradezu provozierenden Formulierungen. – Schon früh übernahm deshalb auch Stauffenbergs Assistent Robert Werner die allgemein einführenden Proseminare in die Alte Geschichte.[38]

Eine Sonderstellung kam innerhalb von Stauffenbergs Lehraktivitäten jener großen, vierwöchigen Anatolien-Exkursion zu, die er

Abb. 11 Alexander von Stauffenberg, 1952,
auf der Terrasse seines Hauses am Ammersee

im Oktober 1957 zusammen mit einem kleinen Kreis von Mitarbeitern und älteren Studierenden dank hoher Reisezuschüsse unternehmen konnte. Im Mittelpunkt standen dabei die Besichtigung
der Denkmäler der griechischen Städte Kleinasiens, aber auch vor
allem der Zeugnisse des Hethiterreichs und der byzantinischen wie
der osmanischen Kultur. Zusammen mit zwei Mitarbeitern und
einer Studentin berichtete Stauffenberg im Bayerischen Rundfunk
über dieses Unternehmen und begründete dort in einem später
auch gedruckten Beitrag Sinn und Zweck einer solchen Reise.

Seine programmatischen Sätze, die hier wiedergegeben seien, dokumentieren zugleich seine persönliche Sicht der Geschichte allgemein: «Geschichte vollzieht sich in der Zeit, aber sie stellt sich dar,
verwirklicht, verbildlicht sich im Raum. Nur wer Geschichte in ihrer räumlichen Umwelt aufsucht, vermag sie zu verstehen. Eine historische Landschaft ist gleichsam erstarrte Geschichte, man kann
sie also in Geschichte, den Raum in die Zeit zurückverwandeln.»[39]

Bei all dem läßt sich Graf Stauffenbergs Verhältnis zu seinen
Mitarbeitern, Doktoranden und Studierenden nicht verallgemei-
nern. Seine aristokratische Gestalt bewirkte zunächst Distanz. Jede
Anbiederung war bei ihm undenkbar. Nur dort, wo er Vertrauen
spürte, überwand er seine Zurückhaltung. So konnte er durchaus
auch auf dem Münchner Oktoberfest mit seinen engen Mitarbeitern und älteren Studierenden ausgelassen feiern und sie anschlie-
ßend in seinem Wagen mit höchster Geschwindigkeit über den
nächtlichen Stachus bis nach Schwabing transportieren, wobei die
ängstlichen Aufschreie seiner Fahrgäste nicht zu überhören waren.

Öffentliches Wirken   Daß Alexander Schenk Graf von
Stauffenberg im Rahmen seiner Pflichten an «seiner» Universität
auch Funktionen übernahm, welche die Öffentlichkeit berührten,
war für ihn selbstverständlich. Dazu gehörten nicht nur die mit seinem Dekanat verbundenen Aufgaben,[40] sondern auch die Übernahme stark beachteter Gedenkvorträge mit politischen Intentionen.
Dabei war es naheliegend, daß er an seinen Bruder Claus und an die

Widerstandsbewegung mit starkem persönlichem Engagement und tiefer Betroffenheit erinnerte.

Die ersten Äußerungen hierzu entstammen bereits den frühen fünfziger Jahren. In den «Lebensbildern aus dem Bayerischen Schwaben» hat er für Claus eine eindrucksvolle Kurzbiographie veröffentlicht.[41]

In stärkstem Kontrast zu dieser sachlichen Prosa steht sein, von echtem Pathos getragenes und im Stile Georges empfundenes Gedicht:

OPFERGANG II

CLAUS

Der morgendlichen sonne glanz verkündet
Den jahrtag da du handeltest und starbst
Und den getreuen die sich dir verbündet
Und dir der toten tatenruhm erwarbst.

Des hohen feldherrn-ahnen blut entbrannte
Erneut in deinen adern als der zeit
Aufschwellendem gespenst entgegensandte
Ein gott dich leuchtete in der dunkelheit

Dein und der höchsten zeugen genien hiessen
Vor tiefster schmach erstickendem verfall
In neue makellose form dich giessen
Des vaterlands geschmolzenes metall

Und der verführung trugbild niederschmettern
Wuchernder wildnis wimmelndes geschmeiss
Und heitere meeresstille nach den wettern
Und fülle bringen lichtbeglänzt und heiss.

Du wusstest wohl : wo feindlicher dämonen
Entgegenwirken das gelingen beugt
Dass derer, die im stand der gnade wohnen
Hingang ein rettendes geheimnis zeugt . .

Zu mond und jahr ward tag und nacht geründet :
Da lauscht im widerhall entbundenen klangs
Dem morgendlicher sonnenglanz verkündet
Das jahresopfer deines untergangs.

Dein allbeglänzend lächeln das dem prangen
Der freude die von anfang war entstammt
Ist in den brand des gottes eingegangen
Und alles was erglüht und strahlt und flammt.[42]

Alexander Schenk Graf von Stauffenberg sah es damals als seine Pflicht an, die Widerstandsbewegung gegen das NS-Regime stets im öffentlichen Bewußtsein präsent zu halten und sich gleichzeitig gegen gefährliche politische Fehlentwicklungen der Gegenwart im Sinne des «principiis obsta» (Ovid) – «Wehre den Anfängen» zu exponieren. So erklären sich seine frühen Ansprachen in Erlangen und München,[43] aber auch die offene und grundsätzliche Kritik an der unzulänglichen Wiedervereinigungspolitik der Bundesregierung in der Adenauer-Ära und an der atomaren Rüstung[44] und ebenso seine Legitimation des staatsbürgerlichen Widerstandsrechtes[45] oder sein Engagement in politischen Gruppierungen.[46]

Eine weitaus stärkere Resonanz sollte damals Graf Stauffenbergs exponierte Stellungnahme zu den Vorgängen um die *Synchronoptische Weltgeschichte* des Historiker-Ehepaars Arno und Anneliese Peters (Frankfurt 1952) finden.[47] Dabei handelte es sich um ein durchaus originelles, über einen Zeitraum von 12 Jahren hin mit Hilfe von rund fünfzig Experten vorbereitetes Werk, das bei seinem Erscheinen sogleich außergewöhnliche Beachtung fand.

Diese erklärt sich aus den völlig neuartigen Strukturen und Methoden des großformatigen Tafelwerkes, dessen doppelseitige Einheiten jeweils ein Jahrhundert umfaßten. Dabei ermöglichten sie nicht nur eine «Zusammenschau» der verschiedenen geographischen, staatlichen und gesellschaftlichen Einheiten, sondern durch die Verschiedenfarbigkeit ihrer Hauptentwicklungsstränge zugleich Synopsen über die Bereiche von Wirtschaft, Geistesleben, Religion,

Abb. 12   Claus Schenk Graf von Stauffenberg

Politik, Kriegführung und Revolutionen – um nur die wichtigsten Segmente zu nennen. Zugleich vergegenwärtigten sie Vielfalt wie Interdependenzen der historischen Abläufe und mußten auf ihre Weise sehr weitreichende Folgen für das Geschichtsbild des Lesers wie auch pädagogische und politische Auswirkungen zeitigen.

Die hier vorliegende, außergewöhnliche Leistung wurde denn auch zunächst, zum Teil geradezu enthusiastisch, anerkannt. In diesen positiven Chor hatte auch der Feuilletonchef der wichtigsten Tageszeitung des amerikanischen Besatzungsgebiets, der «Neuen Zeitung», der damals eine meinungsbildende Funktion zukam, Dr. Bruno E. Werner, am 6.9.1952 eingestimmt.

Um so größer war die allgemeine Überraschung, als dieselbe Zeitung am 4.11.1952 unter der Überschrift «Der knallrote Faden» einen Beitrag ihres Chefredakteurs Hans Wallenberg publizierte, der das Werk aus politischen Gründen kategorisch ablehnte. Doch diese scharfe Verurteilung blieb nicht isoliert. Denn am gleichen Tage bewertete auch Dr. Helmut Kaempff in einer Mitteilung der Deutschen Presse Agentur die «Synchronoptische Weltgeschichte» als ein «raffiniert getarntes kommunistisches Propagandainstrument.»

Die genannten Verurteilungen sollten im Zuge der «political correctness» – die seinerzeit eine beachtliche Kongruenz mit US-amerikanischen Werthaltungen zeigte – sogleich eine denkbar umfassende Neubewertung des Werks nach sich ziehen, wobei nicht nur Journalisten, sondern auch Fachhistoriker ihre früheren Wertungen widerriefen. Den Höhepunkt der Hysterie markierte schließlich eine Initiative des damaligen Vorsitzenden des Rundfunkrats des Südwestfunks Prof. Dr. Karl Holzamer, der beim Generalstaatsanwalt in Frankfurt die Beschlagnahme des Werks beantragte, weil dessen Inhalt staatsgefährdend wäre. Doch Oberstaatsanwalt Arnold Buchthal in Frankfurt beteiligte sich nicht an diesem Kesseltreiben und lehnte den Antrag ab.

Annähernd gleichzeitig hatten sich zudem auch andere Stimmen zu Wort gemeldet: Am 13.11.1952 veröffentlichte der Ehrenpräsident der Historischen Kommission der Bayerischen Akademie der

Wissenschaften Prof. Dr. Walter Goetz, der die Autoren des Werks persönlich kannte und deren wissenschaftliche Integrität bestätigte, eine Erklärung, welche in dem Votum schloß: «Es erscheint nicht verantwortbar, um geistiger Bedenken willen den Erfolg eines unzweifelhaft bedeutungsvollen Werkes in Frage zu stellen.» – Dieser Ansicht schlossen sich sogleich Prof. Dr. Gerhard Ritter, Prof. Dr. Dr. Alfred Vierkandt, Prof. Dr. Fritz Hartung und Graf Stauffenberg, später auch Thomas Mann, an.

In der Folgezeit versachlichte sich die Diskussion um den damaligen «Skandal»; 1962 konnte das Werk auch noch eine zweite Auflage erzielen. Graf Stauffenberg gab sich allerdings mit dieser Entwicklung nicht zufrieden. Schon 1953 veröffentlichte er seine sorgfältig kommentierte Dokumentation «Die Synchronoptische Frage», welche die Machenschaften und Insinuationen der Peters-Gegner ebenso überzeugend brandmarkte wie die Charakterlosigkeit jener, zum Teil angesehener Spezialisten, welche angesichts der sich wandelnden Tendenzen der öffentlichen Meinung glaubten, sich von ihren früheren Wertungen zu diesem Komplex distanzieren zu müssen.

Alexander Schenk Graf von Stauffenberg selbst hatte als Ziel seiner Veröffentlichung einst genannt: «Durch Herausgabe der Dokumente, die geeignet erscheinen, erstes Licht in das Dunkel der eigenartigen Vorgänge um die Synchronoptische Weltgeschichte zu bringen, hoffe ich dazu beizutragen, daß gewisse unverantwortliche Methoden der politischen Propaganda, die sich aller erdenklichen Mittel der Verleumdung, der Ehrabschneidung, ja der direkten Fälschung bedienen, bei der Beurteilung einer geistigen Leistung in unserem Land für alle Zukunft geächtet werden.» (7)

Sucht man nach den Gründen für Graf Stauffenbergs heftige Reaktion auf jene Vorgänge, so dürften sie im eigenen Erfahrungsbereich während der nationalsozialistischen Diktatur liegen, als er – wie viele andere deutsche Intellektuelle – es versäumt hatte, bedenkliche Entwicklungen rechtzeitig zu erkennen und aktiv zu bekämpfen. An diesem Fehlverhalten und Versagen litt er seit den Überlinger Tagen.

VI DIE ALTHISTORISCHEN MONOGRAPHIEN

1. Malalas

Bei Alexander Schenk Graf von Stauffenbergs erster größerer althistorischer Publikation «Die römische Kaisergeschichte
bei Malalas. Griechischer Text der Bücher IX–XII und Untersuchungen» (Stuttgart 1931), einem über 500 Seiten umfassenden
Werk und damit Stauffenbergs umfangreichstem Beitrag zur Alten
Geschichte überhaupt, handelt es sich um eine für den Verfasser in
vielfacher Hinsicht völlig atypische wissenschaftliche Monographie. Ihr Grundstock lag bereits 1928 der Universität Halle als eine
von Wilhelm Weber betreute Dissertation vor.

Stauffenbergs Beziehung zu Weber[1] war in der Tat auffallend
eng. Sie hatte, wie bereits erwähnt, schon in dessen Tübinger Jahren eingesetzt. Für einen Doktoranden, der dem Georgekreis an-
gehörte und sich schon früh und permanent in Gedichten artiku-
liert hatte, war die Beschäftigung mit Johannes Malalas,[2] dem
antiochenischen Chronographen von umstrittener Qualität aus dem
6. Jahrhundert n. Chr., gleichwohl überraschend. Sie ist nur vor dem
Hintergrund der Schwerpunkte von Webers damaligen Interessen
verständlich.[3]

Stauffenbergs primitiae sind ein typisches Produkt historischer
und philologischer Quellenkritik des frühen 20. Jahrhunderts n. Chr.
Sie beruhen auf umfassenden Studien der Grundlagen wie der

Überlieferung, des Verständnisses wie der Wirkungsgeschichte des Textes. Das Bemühen um eine nüchterne, adäquate Interpretation dominiert; es bleibt dem Ziel untergeordnet, die Eigenart der Aussagen des Autors wie dessen Methode und historisches Urteil sicher zu erfassen.

Aus der Distanz betrachtet, ist Stauffenbergs eigenwillige Untersuchung wohl zugleich auch ein Zeugnis eigener Selbstvergewisserung. Sie unterscheidet sich in nahezu jeder Hinsicht diametral von Zielsetzung, Eigenart und Stil der späteren Veröffentlichungen. Von ihnen aus gesehen, würde wohl niemand auf die Identität des Verfassers schließen.

Sehen wir näher zu, so mutet die Offenheit der persönlichen Einleitung durchaus sympathisch an. Stauffenberg rechtfertigt seine Beschränkung auf die profangeschichtlichen Materialien und bekennt sein unzulängliches Wissen im theologischen Bereich (VI). Eine Skizze der handschriftlichen Überlieferung des Textes und der Nachwirkung des Malalas, vor allem jedoch ein Abdruck des griechischen Textes der Bücher IX–XII (1–78) wurden den eigentlichen Untersuchungen vorangestellt. In der Frage von Malalas' Quellenbenutzung zeichnen sich schon im Caesarkapitel Stauffenbergs grundsätzliche Überzeugungen ab, wonach eine späte, gekürzte Vitensammlung, eine christliche Weltchronik und die antiochenischen Stadtannalen, «eine Quelle von höchster Bedeutsamkeit» (123), bestimmend waren.

Zu den Viten heißt es später: «(Sie) boten ihm nicht nur sein im wesentlichen auf den Regierungszeiten der Herrscher beruhendes chronologisches Gerippe, sondern sie vermittelten ihm wohl auch sämtliche Nachrichten von allgemein-geschichtlichem Interesse, die aus römischen Quellen verbreitet, nicht aus ihm näher liegendem östlich orientiertem Material wie etwa den antiochenischen Stadtannalen stammen können.» (335)

Statt einer detaillierten, kritischen und systematischen Analyse von Stauffenbergs Wertungen und Akzenten können hier nur wenige exemplarische und bezeichnende Punkte der Untersuchung hervorgehoben werden: So wurde im Augustus-Kapitel (124–180) die Eigenart der letzten Auseinandersetzung zwischen Augustus und Antonius hervorgehoben: «Höchst bedeutsam ist die von Malalas für Caesars (das heißt hier: Augustus') Feldzug gegebene Motivierung, indem einerseits die allgemein-staatlichen Gründe ..., andererseits die persönlich-menschlichen angeführt werden. Es ist dies ein Punkt, den wir ganz besonders hervorheben müssen, weil eine solche eingehende Motivierung dieses letzten Bürgerkrieges innerhalb der uns zugänglichen späteren biographischen Abriß-überlieferung nirgends hervortritt: Augustus erscheint hier nicht nur als der berufene Richter am rebellischen ‹hostis› des Staates als dessen Vertreter, er handelt auch als Rächer in eigener Sache.» (141)

In dem Kapitel, das die Zeit zwischen Tiberius und Nero behandelt (181–218), hebt Stauffenberg zunächst hervor, daß die Leidensgeschichte Christi in der Darstellung des Malalas von Tiberius' Principat den größten Raum einnimmt (181). Besonders drastisch wirkt seine Kritik an Malalas' Darstellung von Neros Tod, die er als «abenteuerlichen Unsinn» (215) bezeichnet. Dominierend ist nach ihm unter den Vorlagen eine christliche Weltchronik, «die wir in unserem Falle als antiochenische Rezension derselben würden bezeichnen dürfen.» (218)

Wesentlich stärkere persönliche Akzente gelten dann der Ära Trajans (260–294). Im Mittelpunkt steht dabei Malalas' eigenwillige, sich von der übrigen Überlieferung eindeutig unterscheidende Darstellung von Trajans Partherkrieg und dem damit im Zusammenhang stehenden Geschehen in Antiochia. Dabei werden insbesondere die Widersprüche zwischen Cassius Dio und Malalas (269) hervorgehoben. Kennzeichnend ist dann auch der Vergleich zwischen Malalas (273,5) und dem Briefwechsel zwischen Plinius d. J. und Trajan über die Behandlung der Christen. Es ist angesichts des Schüler-Lehrer-Verhältnisses nachvollziehbar, daß der Verfasser in diesem Punkt den einschlägigen Ausführungen von Wilhelm Weber folgt.

Das nächste Kapitel, das die Epoche zwischen Hadrian und L. Verus umfaßt (295–326), erscheint insgesamt enttäuschend. Der Verfasser konstatiert: «Für historische Vorgänge auch des Orients unter Hadrians Regierung scheint ihm nur sehr dürftiges Material zu Gebote gestanden zu sein.» (301) Dessen Verhalten gegenüber dem Judentum speziell und den «Barbaren» im allgemeinen wird, in Anlehnung an die Bewertungen der modernen Forschung, besonders Wilhelm Webers, als Rückwirkung von Hadrians «klassizistisch-griechischer Reaktion» eingestuft. Ausführlich geht Stauffenberg auf die Problematik von Hadrians Stiftungen ein (297 ff.).

Auch im Kapitel «Commodus-Gallienus» (327–378) häufen sich die negativen Urteile über Malalas, nicht zuletzt auf Grund von dessen unbefriedigenden Vorlagen, doch auch infolge seiner Irrtümer und Flüchtigkeiten. So herrscht zum Beispiel in der Darstellung des Clodius Albinus «eine völlige Verwirrung der chronologischen Abfolge» (336). Dem steht die besonders einläßliche und breit angelegte Erörterung des Geschehens um Pescennius Niger entgegen (341 ff.).

So lautet Stauffenbergs Bilanz für die Mitte des 3. Jahrhunderts n. Chr.: «Man sieht: Der Überlieferungszustand für diese dunkelste Periode der römischen Geschichte hatte auch eine völlige Verwirrung innerhalb der Darstellung des Malalas, soweit uns diese überhaupt noch durch den Schleier der Exzerpte hindurch erkennbar ist, zur Folge. Die Abfolge der einzelnen Herrscher ist zerstört und der Zusammenhang zerrissen.» (362) Ähnlich negativ ist das Fazit der Studie für die Zeit zwischen Claudius II. und Diocletian (379–411), wo es zum Beispiel heißt: «An keiner einzigen Angabe des Malalas läßt sich auch nur andeutungsweise eine Kenntnis der diocletianischen Reichsordnung eruieren.» (410)

So enttäuschend der zuletzt skizzierte Teil der Analyse ist, so beeindruckend wirken die folgenden Kapitel des Werks über die antiochenischen Olympien (412–443) und die Kaiserbauten in Antiochien (444–506). Der erste Teil dieses Anhangs ist dabei einem umfassenden kritischen Überblick über das historische Quellenmaterial zu den olympischen Spielen und Feiern in Antiochia gewidmet. Stauffenberg betont in diesem Zusammenhang, «daß eine für das interne Leben kaiserzeitlicher Weltstädte so aufschlußreiche Quelle wie die antiochenischen Stadtannalen, die sich stellenweise durch die Nutzung urkundlichen Aktenmaterials zu geradezu dokumentarischer Bedeutung erhebt, vollkommen übersehen worden ist.» (443)

Von nicht geringerer Bedeutung ist der folgende Abschnitt über die Kaiserbauten. Stauffenberg hat sich dabei die Aufgabe gestellt, die «für die drei ersten kaiserzeitlichen Jahrhunderte gebotenen baugeschichtlichen Einzelangaben des Malalas» zu überprüfen, sie «an den heute bekannten städtebaulichen Parallelen des Imperiums zu messen und wenn möglich zu verifizieren und die Monumente … topographisch einzuordnen.» (444) Die Zusammenstellung der kaiserlichen Bauten in Antiochia (445–455) und im Orient (493–498) sowie deren Interpretationen boten einst eine wesentliche Grundlage für die Weiterführung der einschlägigen Forschungen und bilden zweifellos ein wichtiges allgemeines Element in Stauffenbergs oft so speziell orientierter Dissertation. Der knappe «Abschluß» (507–510) versucht, deren Gesamtergebnis aufzuzeigen. Die Thematik von Graf Stauffenbergs großem Malalas-Werk war viel zu speziell und voraussetzungsreich, als daß das Buch eine breitere, intensive Auseinandersetzung hätte anstoßen können.

Die wichtigste Rezension des Bandes stammte von dem schon damals hervorragenden, später führenden deutschen Spätantike-Forscher Wilhelm Enßlin, der sich in ungewöhnlich ausführlicher Form mit dem Buch auseinandersetzte.[4] Dabei ging er sehr geschickt von Wilhelm Webers «geistvollen und ergebnisreichen» ‹Studien zur Chronik des Malalas› (Festgabe für Adolf Deißmann, 1927, 20 ff.) aus und anerkannte durchaus auch Stauffenbergs «entsagungsvolle Arbeit» (771).

Im Hauptteil seines kritischen Referats stellte er jedoch eine lange, disqualifizierende Liste der zentralen Irrtümer, Schwächen und problematischen Äußerungen des Verfassers zusammen. Er sah zwar durchaus «zum Teil recht gute Ansätze», zögerte indessen nicht, seinen Hauptvorwurf zu artikulieren, nämlich, «daß man zuerst mit Zeit, Denken und Sprache des zu behandelnden Schriftstellers recht vertraut sein muß, ehe der kühne Wurf wirklich gelingen kann.» (789)

2. König Hieron II. von Syrakus

Der Verfasser bezeichnete seine 1931 in Würzburg angenommene, 1933 in Stuttgart erschienene Habilitationsschrift als einen «monographischen Versuch». Bewußt distanzierte er sich von der «Form einer methodisch durchgeführten wissenschaftlichen Untersuchung», verwies vielmehr Belege und Stellungnahmen zur neueren Forschung in Anmerkungen und Exkurse am Ende seines schmalen Werkes (90–99). Für seine eigenwillige Gestaltung sind im übrigen nicht nur die Bemühungen um eine aparte, gepflegte Ausdrucksweise im Sinne Georges, sondern ebenso die Integration von Teilen der Übersetzung Mörikes von Theokrits «Huldigungsgedicht an Hieron» (5 f.) bezeichnend.

Die Darstellung setzt mit einer Skizze von Hierons militärischem Werdegang ein, wobei die Rolle des Söldnerwesens in den damaligen Auseinandersetzungen sowie Hierons frühes Ziel, «die Vernichtung der mamertinischen Räuber ... und die Unterwerfung Messanas» (9), besonders betont werden. Ein starker Akzent liegt danach auf dem «Staatsstreich» von Mergane (270/69 v. Chr.), als Hieron den Oberbefehl über die syrakusanischen Verbände übernahm, gegen die Stadt zog und die Stellung eines «Strategen mit unbeschränkten Vollmachten» übernahm, faktisch eine «Tyrannis» errichtete.

Stauffenberg sieht in all dem einen «politischen Akt», «Hochverrat und Verfassungsbruch» (11). Eine Orientierung Hierons an den monarchischen Formen der Ptolemäer und Seleukiden wird abgelehnt, statt dessen der Zusammenhang mit einer «jahrhundertelan-

gen» syrakusanischen Tradition betont. Wie er sich auch nach Ge-
blüt als echten Erben der Deinomeniden angesehen wissen wollte,
so bewunderte er in ihnen seine leuchtendsten Vorbilder, wenn ihm
auch die späteren syrakusanischen Führergestalten Dionysios,
Timoleon und Agathokles Anregungen vermittelt haben mögen
(11 f.).

Diese Linie wird im Folgenden vertieft und konkretisiert, aber
auch durch den Hinweis auf Hierons «Herrschertugenden» Milde
und Großmut (16) ergänzt. Gleichwohl läßt sich Stauffenberg nicht
zu einer Idealisierung Hierons hinreißen. Sein Bild des jungen
syrakusanischen Machthabers ist deshalb überzeugend, weil er
einerseits schon hier auf dessen «schwere politische Fehler» hin-
weist, andererseits jedoch dessen «große Führereigenschaften» unterstreicht:

«Vorsicht und Besonnenheit und den Blick für das jeweilig Mög-
liche, die ihn in jedem Augenblick befähigten mit Behutsamkeit die
richtige Entscheidung zu treffen» (17). Nach diesem kleinen Porträt
Hierons wird der weitere Gang der Ereignisgeschichte skizziert: der
Kampf gegen die Mamertiner Messanas, der in der erfolgreichen
Schlacht am Longanos gipfelte, das Eingreifen Karthagos in die
Kämpfe unter Hannibal, der den Fall Messanas verhinderte – für
Hieron «der schwerste Schlag seines Lebens» (21). Gleichwohl feierte Syrakus seinen siegreichen Feldherrn, rief ihn zum König aus,
der freilich – wie einst Agathokles – auf Diadem und Leibwache
verzichtete.

Ebenso eindringlich zeichnet Stauffenberg danach jene wechsel-
vollen dramatischen Vorgänge nach, die schließlich vom Streit um
die Meerenge von Messana zum Beginn des ersten Punischen Krieges, schließlich zu Hierons Frontwechsel und seinem Friedens-
schluß mit Rom führen sollten (23–39). Damit waren endgültig die
Voraussetzungen für die Kontinuität von Hierons Herrschaft und
Politik geschaffen, an denen er in den folgenden Jahrzehnten fest-
halten sollte und damit eine neue Blütezeit von Syrakus ermög-
lichte.

In einem eigenen Kapitel wird sodann die Stellung des sizilischen Reiches des Königs Hieron II. im hellenistischen Staatensystem dargelegt (38–57). Dabei steht naturgemäß die Beziehung zu Rom und dessen Bundesgenossenschaft im Mittelpunkt, eine Beziehung, die durch eine ganze Kette von Hilfs- und Unterstützungsmaßnahmen Hierons, insbesondere nach römischen Niederlagen und Krisen, akzentuiert wird. Der Verfasser hebt in diesem Kontext vor allem die Bedeutung des «Epochenjahrs» 248 v. Chr. hervor, als Hieron die Bedingungen des Friedensvertrages von 262 v. Chr. erfüllt hatte (46).

In sehr gedrängter Form wird sodann Hierons Regierungstätigkeit im Innern des syrakusanischen Reiches besprochen (58–73). Der Überblick beginnt mit der Erinnerung an die Sakralbauten, den riesigen Altar beim syrakusanischen Theater, den Tempel für den olympischen Zeus auf dem Hauptmarkt, allerdings ohne daß er näher auf dessen architektonische und künstlerische Gestaltung einginge. Daneben werden weitere Heiligtümer, Gymnasien, der öffentliche Kornspeicher, der Umbau des syrakusanischen Theaters erwähnt, aus dem Verwaltungsbereich eingehender die «Lex Hieronica» und die Gestaltung der Bodenertragssteuer hervorgehoben, wobei sich Stauffenberg eng an die Monographie von Jérôme Carcopino, «La Loi de Hiéron et les Romains» (Paris 1919) anschließen konnte.

Gegenüber der Annahme ptolemäischer Einflüsse auf die Lex Hieronica hält der Verfasser daran fest: «In allen entscheidenden Punkten scheint die neue Steuergesetzgebung das geistige Eigentum des Königs Hieron gewesen zu sein.» (69) Am Ende wird schließlich Hierons Beziehung zu Archimedes gewürdigt.

Stauffenbergs Schlußbilanz dieses Kapitels lautet: «Seine ... fehlerhafte Außenpolitik, soweit wir sie ergründen konnten, sagt nur wenig und gewiß nichts Endgültiges über das Wesen des Herrschers aus. Erst die Betrachtung seiner inneren Regierungstätigkeit macht den Klang seines Namens auch für uns vernehmbar und sinnvoll, so wenig wir darüber wissen. Aus dem Nebel der Überlieferung taucht der Umriß einer fürstlichen Gestalt, die, ganz auf staatliches Tätertum gestellt, sich als Feldherr und Staatsmann – wenn auch gewiß nicht obersten Ranges – erfüllen konnte.» (72)

Am Ende seiner Monographie wendet sich der Verfasser dann noch einmal den Problemen der verfassungsrechtlichen Definition von Hierons Königtum innerhalb der syrakusanischen Reichsverfassung zu. Noch einmal betont er einerseits die Nähe von Hierons Monarchie zur älteren syrakusanischen Tyrannis und hält andererseits die «Einwirkung des hellenistischen Staatstypus … auf das Reich von Syrakus … für unerheblich.» (74) Selbst bei der Übernahme der Gestaltung der hellenistischen Münzbilder handelte es sich ihm zufolge lediglich um eine äußerliche Kopie. Wesentlich war dagegen der Verzicht des Herrschers auf eine kultische Verehrung. Durchaus selbstkritisch und nüchtern lautet daher Stauffenbergs abschließender Definitionsversuch: «Es ist nicht möglich gewesen, den Verfassungszustand des Königreiches Syrakus unter Hieron II. im einzelnen zu schildern, weil die Überlieferung versagt. Auch ist in allen diesen Fragen keine untrügliche Sicherheit zu gewinnen. Das eine aber glauben wir gezeigt zu haben: noch hat der Polisgedanke seine alte Lebenskraft nicht eingebüßt, gleich als ob diese urtümlichste politische Schöpfung des Griechentums noch einmal ihre Unsterblichkeit erweisen wollte.» Die konkrete hieronisch-syrakusanische Verfassungsform möchte Stauffenberg daher als «einen (städtischen) Hegemonialstaat mit monarchischer Spitze» (86 f.) definieren.

Der «Abschluß» des Werkes skizziert schließlich in gedrängtester Form das Geschehen der letzten Lebensjahre Hierons, die ephemeren Vorgänge unter dessen Sohn Gelon und seinem Enkel Hieronymus, schließlich die Einnahme von Syrakus durch Marcellus und damit das Ende der freien Macht.

So schmal diese Habilitationsschrift ist, so groß ist die Bedeutung der Arbeit im Rahmen von Stauffenbergs geistiger und wissenschaftlicher Entwicklung. Die Monographie ist zunächst als Reaktion auf die Dissertation zu verstehen. Stand jene noch im Banne

Abb. 13   Alexander von Stauffenberg, 1962, im Turmzimmer
in der Rambergstraße 8 (Wohnsitz 1954–1962)

traditioneller Quellenkritik und primär philologisch akzentuierter historiographischer Spezialforschung, war sie überwiegend konventionell gestaltet, so handelt es sich bei der bald darauf realisierten Habilitationsschrift um ein persönliches Werk sui generis, in dem sich zugleich spätere inhaltliche wie stilistische Prioritäten Stauffenbergs ankündigten: die Beschäftigung mit der griechischsizilischen Welt, das Ringen um ein vertieftes Verständnis einzelner historischer Persönlichkeiten, nicht zuletzt der eigenwillige, «georgeanisch» geprägte Stil seiner historischen Arbeiten.

Eine adäquate Würdigung Hierons II. setzen die Berechtigung und volle grundsätzliche Anerkennung dieser so persönlichen Gestaltungsform voraus. Nüchterne Fakten- und Quellenkritiker fanden oft kein Verständnis für dieses historiographische Profil, in dem sie aus ihrer Sicht keinen eindeutigen Erkenntnisfortschritt erblicken konnten. Andererseits sollte sich zeigen, daß Stauffenberg eben diese persönlichen Prioritäten in Zukunft erweitern und konsequent beibehalten würde, so wenig konform sie gegenüber Zeitstil, Methodik und Ausdrucksformen der althistorischen Disziplin erscheinen mochten.

3. Trinakria

Im Mittelpunkt der wissenschaftlichen Publikationen Graf Stauffenbergs standen während seiner Münchner Jahre Arbeiten zur griechischen Geschichte und Dichtung,[1] die schließlich in der Monographie «Trinakria. Sizilien und Großgriechenland in archaischer und frühklassischer Zeit» (München 1963) gipfelten, gewiß seinem wichtigsten und zugleich persönlichsten Werk. Seine lebenslange Bemühung um Pindar erreichte hier ihren Höhepunkt, war die Voraussetzung für seine, gerade an diesem Dichter geschärfte Meisterschaft des hervorragenden Übersetzers und Interpreten. Dabei gelang es ihm, ganz im Sinne Georges, ihn wie andere «Dichter» mit den großen «Tätern» zu verbinden und jene Interdependenzen zum entscheidenden Strukturelement seines Buches zu erheben.

Als nicht weniger überzeugend erwies sich die Konzentration auf den griechischen Westen als eine in sich geschlossene Kulturlandschaft, die sich einerseits vom Mutterland wie den Kolonialräumen des Ostens eindeutig unterschied, andererseits in ihrer Verteidigung gegenüber den phönikisch-karthagischen Einflüssen zu behaupten hatte.

Doch profiliert und durchdrungen ist «Trinakria» in erster Linie von der Persönlichkeit des Autors, dessen auf Autopsie der Denkmäler wie des Raumes fußende Passion für seine Aufgabe hier zu einer ganz persönlichen Gestaltung geführt hatte.[2]

Graf Stauffenbergs Vorwort setzt mit einer Huldigung an seinen Lieblingsdichter der Antike ein: «Niemals, auch nicht zur Zeit seiner zweiten Hochblüte unter den Arabern, Normannen und Hohenstaufen, hat Sizilien, die Insel der Tyrannen, eine hinreißende Verherrlichung erfahren als in den sieben Preishymnen …, die Pindar, der thebanische Sänger, den Herrschern Hieron von Syrakus und Theron von Akragas dargebracht hat. Diese Dichtungen zeigen … die volle Reife der Meisterschaft und stehen auf einer Gipfelhöhe, auf der sich nur die bedeutendsten Schöpfungen der Weltdichtung bewegen.» (7)

Stauffenberg bekennt, daß ihn die Bemühungen um Pindar zur Thematik seines Buches führten, das sich an einen größeren Leserkreis wendet und ganz allgemein Geschichte nicht untersuchen, sondern vermitteln will. Auch in dieser Hinsicht wird Pindars Bedeutung unterstrichen: «Als Geschichtsquelle ersten Ranges gibt Pindars werkhafte Bezeugung auch dem heutigen Historiker die Sicherheit der Wahrnehmung, um welche Kräfte und welche Größen es sich in diesen Bezirken handelte, in denen sich das Jugendalter der Griechen auf eine nicht minder eindrucksvolle und vielleicht greifbarere Weise dargelebt und ausgewirkt hat als in seinen übrigen Erscheinungsformen.» (7)

In der Einleitung des Bandes (11–16) wird zunächst begründet, warum die Darstellung nicht mit dem Beginn der westgriechischen Kolonisation im 8. Jahrhundert v. Chr. einsetzt, sondern erst im 6. Jahrhundert v. Chr. mit «dem Beginn der großen Auseinandersetzung zwischen dem Westgriechentum und dem phönikisch-karthagischen Bereich.» (11) Auf eine knappe Inhaltsskizze folgt sodann ein Forschungsüberblick, der sich vom ersten Band von Biagio Paces großem Werk «Arte e Civiltà della Sicilia» (1935) bis zur hyperkritischen Studie von R. van Compernolle, «Étude de chronologie et d'historiographie Siciliotes» (1960) erstreckt. Die skizzierte Thematik erhält nach Graf Stauffenberg ihre Bedeutung dadurch, daß «diese griechische Kolonisation den Aufgang des Abendlandes, die Geburt Europas für einen Raum bedeutet, der das auf sie folgende Jahrtausend hindurch Ausstrahlungsmitte und Kraftzentrum des Erdteiles geblieben ist, dem bis an die Schwelle der Gegenwart die beherrschende Führung der Menschheit anvertraut war, deren er sich seither begeben hat.» (14)

Der persönliche Schwerpunkt von Stauffenbergs Werk liegt, wie er selbst unterstreicht, in dem «Ineinanderwirken von Macht und Geist, von Tat und schönem Schein.» (14) Im Rahmen seiner Behandlung der geistig-künstlerischen Leistungen des Westgriechentums räumt er allerdings die Schwierigkeiten ein, die sich für ihn insbesondere für den Sektor der großgriechischen Philosophie, wie zum Beispiel für Pythagoras und Parmenides ergaben.

Der Schluß der Ouvertüre, der zugleich für Stauffenbergs persönlichen pathetischen Stil typisch ist, aber lautet: «die herrscherlichen Tyrannen der Insel haben damals Weltgeschichte gemacht in einer Art und in einem Ausmaß, die der gleichzeitigen Leistung des Mutterlandes beinahe ebenbürtig sind. Zugleich aber haben sie die große Tragödie der Zeit und den großen Hymnos, die eine in ihrer Frühblüte, den anderen in seinem Abendglanz, aus dem Mutterland in ihre Gegenden hinüberbeschieden und bei sich beheimatet und dadurch ein Zwiegespräch zwischen Dichtung und staatlichem Tätertum heraufbeschworen, so reich und vielfältig, so dunkeltonig und erregend, wie es wohl nie mehr im Laufe der Jahrtausende zustande kam.

So gilt es denn zuletzt dem düster-großen Herrentum der Täter, die frevelnd eine neue Ordnung begründen und das Griechentum des Westens aus einer tödlich umschlingenden Gefahr befreien, und dem sie feiernden aufrauschenden Gesang, der ihren Rang bestätigt, in diesem Buch zu lauschen.» (16)

*

Im ersten Teil seines Werkes behandelt Stauffenberg «*Die Kolonisation des Westens und die archaische Zeit*» (17–154). Im Mittelpunkt des Geschehens der griechischen Landnahme zwischen 754 v. Chr. (Naxos) und 580 v. Chr. (Akragas) steht dabei einerseits die Entwicklung der frühen griechischen Städte, andererseits das Wirken der frühen Tyrannen. Wenn der Verfasser auch schon hier versucht in weitestem Umfang der frühgriechischen Lyrik historische Elemente abzugewinnen sowie auf Grund seiner Autopsie die Zeugnisse der griechischen Architektur und der archaischen Kunstwerke zu berücksichtigen, so bleibt doch von vornherein festzuhalten, daß die Überlieferungslage insgesamt völlig unzulänglich ist und die oft verwirrende Geschehensfülle nur in groben, meist unsicheren Strichen skizziert werden kann.

Dies zeigt sich bereits im 1., Pentathlos und Phalaris, dem Tyrannen von Akragas gewidmeten Kapitel, das unter dem Leitthema der griechisch/phönikisch-karthagischen Auseinandersetzung steht (19–30). Besonders bemerkenswert sind dabei nicht nur Stauffenbergs kritisches, ungewöhnlich positives Phalarisbild, sondern ebenso seine anschauliche Schilderung der akragantinischen Tempel und Kunstwerke, der Terrakotten wie der Porträts.

Als exemplarisch kann seine präzise und eindringliche Deskription eines um 530 v. Chr. angesetzten Neufundes gelten: «ein hinreißender tönerner Jünglingskopf, mit den kokett über die Stirn gedrehten Löckchen, den schweren auf die Schultern fallenden das schmale Gesicht einrahmenden Locken, den großen mandelförmigen und von hohen Brauenbögen überwölbten Augen sowie dem kleinen lächelnden Munde ist er von unnachahmlicher und bezaubernder Anmut.» (28)

Auch in dem folgenden Abschnitt «Selinunt im sechsten Jahrhundert» (31–42) dominieren die künstlerischen Aspekte. Stauffenberg unterstreicht, daß die Stadt in ihrer exponierten Lage auf eine wohlwollende Neutralität gegenüber Karthago angewiesen war und deshalb auch über die Mittel verfügte, um ihre architektonische und künstlerische Blüte zu finanzieren, die sich in den Dimensionen der Tempel ebenso niederschlug wie in den verschiedensten Reliefs der Metopen. Zusammenfassend stellt der Autor fest: «So unleugbar die Abkunft dieser Kunst der äußersten Grenze von Vorbildern der peloponnesischen Heimat ist, etwas Nüchtern-Gegenständliches, Hartes und Abweisendes, ja etwas Mitleidloses und Unerbittliches, aller Anmut Absagendes sondert sie ebenso wie die gelösere Kunst einer späteren Stufe vom allgemeinen Strom der hellenischen Kunstentwicklung ab. Ihre Eigenart erscheint gleichsam als Aufstand der Grenze gegen die Erhöhung des Ideals, im späteren Stil als Empörung gegen das klassische Vorbild.» (39)

Dominierten zuletzt die kunstgeschichtlichen Aspekte, so wird das Himera-Kapitel (43–57) ganz von der Gestalt des Dichters Stesichoros beherrscht. Stauffenberg hob dessen Bedeutung deshalb hervor, weil er «in der Geschichte des chorischen Gesanges Epoche gemacht hat.» Er sah in ihm einen «geistigen Ahnen» (44) seines Idols Pindar. Wohl so ist es zu erklären, daß der Verfasser wenigstens einige Fragmente von dessen, im wesentlichen verlorenen Werk «eingedeutscht» hat.

In seinem Überblick über Stesichoros' Werke unterstreicht Graf Stauffenberg die Tatsache, daß dessen Dichtung Iliou persis, die Zerstörung Trojas, «vermutlich der Archeget der großen Aeneasdichtung als der Heilsdichtung der Westwelt und später Roms geworden ist.» (48)

Insgesamt gesehen hält Stauffenberg fest: «An die Stelle des adelig-ritterlichen homerischen Heraklesbildes, wie es noch im epischen Kreis der zwölf Arbeiten erscheint, tritt seit Stesichoros als maßgebend für künftige Zeitalter der muskelstarke Held in Räubertracht mit Bogen, Keule und Löwenfell, mit volkstümlich-launigen Zügen ausgestattet.» (55) Am Ende des Kapitels aber rechtfertigt Stauffenberg seine besondere Betonung der Bedeutung dieses Dichters: «Politische Geschichtsschreibung darf dieses Dichters nicht um seinetwillen so ausführlich gedenken, sondern um zu zeigen, daß Himera, der Außenposten am Rande der griechischen Welt, wie das wenig jüngere Selinunt den gebietenden Mächten des Mutterlandes politisch wie geistig fast ebenbürtig war. Denkwürdig ist, daß gerade Himera im jüngsten westsizilischen Kolonialgebiet die Stätte einer neuen ethisch-religiösen Haltung war, der die sinnlich-sittliche Unbefangenheit Homers und der jonischen Adelswelt anstößig wurde· von hier aus ist also die Bewegung zur Heiligung des Mythos ausgegangen, die auf das Mutterland mächtig eingewirkt hat.» (57)

In der folgenden Partie skizziert Graf Stauffenberg einerseits neue Hellenengründungen, aber auch die Aktivitäten der Phokaier, Etrusker und Karthager (58–63) zwischen dem 8. und 6. Jahrhundert v. Chr., andererseits die vielfältigen Entwicklungen in Großgriechenland (64–81). Die Bedeutung der Handelsverbindungen mit Tartessos wird dabei ebenso hervorgehoben wie die Initiativen der Phokaier auf Korsika und Sardinien. Stark akzentuiert ist daneben die Rolle von Kyme in Kampanien, dessen Sieg über die Etrusker im Jahre 524 v. Chr. die künftige Unabhängigkeit der hellenischen Kolonien am Golf von Neapel sicherte. Gleichzeitig ruft der Verfasser auch die Ausbreitung der Macht Karthagos im westlichen Mittelmeer, in Südspanien, den Balearen und Sardinien in Erinnerung.

Als noch wesentlich vielfältiger und spannungsreicher sollten sich die Entwicklungen in Süditalien erweisen. Exemplarisch wird hier die Stadtvignette von Sybaris beschrieben (66 f.), daneben auch die Gründungen von Kroton, Kaulonia und Lokroi sowie Tarent, der Tochterstadt Spartas, besprochen – um nur die wichtigsten Punkte zu nennen.

Einen besonders starken Akzent setzt Stauffenberg dabei auf die Entwicklungen in Lokroi, das sich durch die Eunomie seiner Verfassung auszeichnete, die Zaleukos zugeschrieben wird, dem «ersten Urheber geschriebener Gesetze» (71).

Ergänzt werden die Ausführungen über Recht, Verfassung und Gesellschaft in für Stauffenberg typischer Weise durch die Beschreibungen der Heiligtümer der Stadt, insbesondere jenes für Kore-Persephone, mit deren Kult die zahlreichen vielfarbigen Tontäfelchen zusammenhängen dürften.

Der Verfasser schätzt deren Bedeutung besonders hoch ein: «Nach den Metopen des Heraion an der Selemündung sind diese Pinakes die bedeutendsten Zeugnisse der italiotischen Kunst in der reifarchaischen und frühklassischen Epoche und werden unser Wissen über das religiöse Leben in Großgriechenland erheblich bereichern, sobald sie einmal in ihrer ganzen Fülle erfaßt und gedeutet sind.» (73)

Im Schlußteil dieses Kapitels gibt Graf Stauffenberg dann ein lebendiges Bild von Gesellschaft und Leben in Sybaris und Kroton – von Gegensätzen, die schließlich 511/10 v. Chr. zum Untergang von Sybaris führten. Das außerordentlich bedeutende geistige Leben jener Epoche wurde schließlich in den Gestalten von Pythagoras und Parmenides verdeutlicht. Auf die vielfältige Deskription des bunten Mosaiks der Städte Großgriechenlands folgt das in sich besonders geschlossene Kapitel über Poseidonia (Paestum) (82–96), dessen Tempelreste und Bodenfunde den Verfasser offensichtlich faszinierten. Seiner Ansicht nach handelt es sich hier um «die vielleicht bedeutendsten archaischen Tempelreste» überhaupt: «Die Ruinen eines säulenreichen großen und eines zierlichen archaischen Tempels stehen noch aufrecht. Zwischen ihnen, noch besser erhalten, erhebt sich der mächtige Kubus eines dritten, nach Poseidon benannten Tempels frühklassischer Zeit, in dem sich großartiger als in irgendeinem griechischen Tempelrest die dorische Sakralarchi-

tektur in der kanonischen Gestalt des strengen Stils (460–450) dar-
stellt und bewundern läßt. …

Auch sind in jüngster Zeit erst die archaischen Bildwerke eines
vierten, weiter im Norden an der Selemündung gelegenen und der
Hera geweihten Heiligtums aufgefunden und zugänglich gemacht
worden. Nimmt man das alles zusammen, so ist es staunenswert,
welch bildnerischer Schöpfergeist in dieser … nicht gar bedeuten-
den Landstadt gewirkt hat.» (82)

In seiner eigenen, sehr einläßlichen Beschreibung jener Heiligtümer schloß sich Graf Stauffenberg eng, zum Teil «bis in den Wort-
laut hinein, an die meisterhafte Beschreibung an, die uns Friedrich
Krauss in seinem Paestumwerk (Paestum. Die griechischen Tempel.
Berlin 1941) geschenkt hat.» (83) Doch neben den allbekannten
städtischen Sakralbauten, der archaischen Basilika, dem frühklassischen Poseidontempel und dem zierlichen «Cerestempel» berück-
sichtigte der Verfasser auch eingehend den erst in den dreißiger
und vierziger Jahren freigelegten Heratempel im Norden der Stadt.
Den Höhepunkt des Komplexes bildet dabei nach ihm das Schatz-
haus, das eine der reichen Metropolen Großgriechenlands für das
Heraion stiftete. Den 36 Metopenbildern des Triglyphenfrieses galt
dabei seine besondere Aufmerksamkeit. Abschließend wird von
Stauffenberg resümiert: «In jedem Fall steht fest, daß die Auffin-
dung des Heraheiligtums an der Selemündung die bedeutendste
Entdeckung der letzten 50 Jahre aus dem klassischen Altertum dar-
stellt, die den Vergleich mit den großen Entdeckungen des 19. Jahrhunderts wie Kreta, Mykene und Troja wohl aushält.» (96)

Als weitaus vielfältiger, dennoch aber durch große Leitlinien zusammengefaßt, erweist sich das Kapitel über «Die chalkidischen
Städte» (97–108). Stauffenberg skizziert hier zunächst die Anlage
der drei jonischen Ackerbaustädte Naxos, Leontinoi und Katane im
letzten Drittel des 8. Jahrhunderts v. Chr., um sich dann den koloni-
satorischen Impulsen von Chalkis und Kyme an der Straße von
Messina zuzuwenden, für die von Anfang an Seehandel und See-
raub auf Grund ihrer wichtigen Häfen dominierend waren.

Die sozialen Spannungen, die in den sizilischen Städten gegen Ende des 7. Jahrhunderts v. Chr. zunahmen, wurden vor allem an den Aktivitäten des Panaitios in Leontinoi, des frühesten Tyrannen auf sizilischem Boden, und des Charondas von Katane unter besonderer Berücksichtigung von deren Gesetzgebung exemplifiziert.

Einen weiteren Schwerpunkt der Schilderung bilden die positiven Beziehungen zwischen den griechischen Kolonisten und den Sikelern im Innern der Insel. Zuletzt wird dann am Beispiel von Rhegion das Aufblühen der sizilischen Kunst hervorgehoben, wobei deren verschiedenste Sparten berücksichtigt wurden, auch die Blüte der sizilischen Münzkunst, die schon Goethe auf seiner Reise nach einem Besuch des Kabinetts des Principe Torremuzza gefeiert hatte: «Aus diesen Schubkasten lacht uns ein unendlicher Frühling von Blüten und Früchten der Kunst, eines in höherem Sinne geführten Lebensgewerbes und was nicht alles noch mehr hervor. Der Glanz der sicilischen Städte, jetzt verdunkelt, glänzt aus diesen geformten Metallen wieder frisch entgegen.»[3] In seinem großen Syrakus-Kapitel (109–126) geht Graf Stauffenberg von der durch seine Lage begünstigten, 753 v. Chr. gegründeten korinthischen Kolonie Syrakus aus – einer Kolonie, welche in gleicher Weise für den Ackerbau wie als großer Handels- und Umschlagsplatz für ganz Sizilien besonders geeignet war. In Verfassung wie Gesellschaftsstruktur orientierte sich das neue Zentrum am Vorbild der Mutterstadt zur Zeit der Bacchiaden, das heißt einer «Blutsaristokratie». Auch die syrakusanischen Grundbesitzer, die Gamoroi, vererbten ihre Privilegien an ihre Nachkommen. «Ihr Exponent war ein jährlich wechselnder Prytane, der – gestützt auf einen lebenslänglich wirkenden Adelsrat – die Interessen von Stadt und Führungsschicht wahrte.» (112) Die korinthischen Verfassungskämpfe um 657 v. Chr. wirkten sich dann auch auf die Tochterstadt aus. Sie führten zu einer Erweiterung der Führungsschicht, die sich nun in eine Oligarchie aller besitzenden Grundherren verwandelte. Der Versuch eines Agathokles, sich zum Tyrannen der Stadt aufzuwerfen, scheiterte. Wie Stauffenberg mit vielen Einzelheiten belegt, begann das

6. Jahrhundert v. Chr. für Syrakus als ausgesprochene Blütezeit. Der Reichtum der Stadt ist vor allem im architektonischen und künstlerischen Bereich konkret zu erfassen, so zum Beispiel in der Ausgestaltung des heiligen Bezirks für Athena im Zentrum von Ortygia. Doch auch die Anlage der Tochtersiedlung von Kamarina dokumentiert die Erweiterung des Potentials.

Auch das Wirken der Dichter Ibykos von Rhegion und Kynaithos aus Chios in Syrakus ist bezeichnend für die Anziehungskraft, welche die größte Stadt Siziliens damals besaß. Es war indessen in didaktischer Hinsicht wohl nicht sehr glücklich, daß Graf Stauffenberg seine Schilderung an jener Stelle unterbrach und sich, weit zurückgreifend, den Zivilisationen der sizilischen Vor- und Frühgeschichte zuwandte, um die Voraussetzungen für den Aufstieg der wichtigsten Gegner der Griechen, der Sikeler, nachzuzeichnen. So werden der Reihe nach Milazzokultur, Ausonische Kultur, Thapsoskultur, «der Orkan der Großen Wanderung» (119), und Pantalikakultur skizziert, ehe dann die einzelnen Phasen der Vorstöße von Syrakus gegen die Sikeler näher referiert werden.

Als Höhepunkte der weiteren Expansion von Syrakus hebt Stauffenberg insbesondere die Anlage der Höhenfestungen von Akrai und Kasmenai wie (559/8 v. Chr.) die Gründung der Tochterstadt Kamarina hervor. Im folgenden Abschnitt werden nicht nur Geschichte und Entwicklung der weiteren dorischen Impulse in Megara Hyblaia und Gela referiert (127–136), sondern auch die jüngsten archäologischen Funde beschrieben und ausgewertet. Am Ende des ersten Hauptteils seines Werkes kommt Graf Stauffenberg dann noch einmal auf die Gestalt des Dorieus zurück (137–154), dem er schon wenige Jahre zuvor (Historia 8, 1960, 181 ff.) eine eigene Untersuchung gewidmet hatte. Veranlaßt war diese erneute Beschäftigung mit dem Halbbruder des spartanischen Königs Kleomenes, Dorieus, den der Verfasser als «hochsinnig, tatenkühn und von Fernweh verlockt» bezeichnete, nicht zuletzt durch eine polemische Kritik seines Münchner Amtsvorgängers Helmut Berve, der keine Gelegenheit versäumte, um den Nachfolger kritisch zurechtzuweisen.[4] Als Gründe für die für Sparta ganz ungewöhnliche Initiative nennt Graf Stauffenberg zunächst «die Spannung im Könighaus der Agiaden, die allgemeine Weltlage, das Einverständnis mit dem vom persischen Ägypten bedrohten Kyrene und den verschwenderischen Reichtum des erstrebten Kolonialbodens.» (141) Doch dann griff Stauffenberg auf ältere Elemente der griechischen Überlieferung zurück, nicht zuletzt auf Pindars viertes pythisches Gedicht, von dem er eine große Partie übersetzte und interpretierte, sowie auf die Euphemidenlegende bei Herodot und auf weitere, zum Teil gewiß problematische Sagenbestandteile, um die mentalen Voraussetzungen für die Aktivitäten des Dorieus aufzuzeigen.

Die Unternehmungen der spartanischen Kolonisten und ihrer Begleiter zwischen 515 und 508/7 v. Chr. wurden dann nur in sehr gedrängter Form geschildert. Mit dem Scheitern an der tritonischen Küste der Syrten und bei Herakleia am Eryx waren auch die spartanischen Kolonisationspläne aufgegeben.

*

Standen im Mittelpunkt des ersten Hauptteils von Graf Stauffenbergs sehr persönlicher Monographie die vielfältigen Phänomene der griechischen Kolonisation im westlichen Mittelmeerraum während der archaischen Epoche, somit ein Mosaik regionaler Entwicklungen und deren Beziehungsgeflecht einerseits zu den übrigen griechischen Neugründungen, andererseits zu den bisher dominierenden Einwohnern und rivalisierenden anderen Mächten wie Etruskern und Karthagern, so wirkt der zweite Hauptteil *«Die großen Tyrannen»* in sich wesentlich geschlossener.

Der Verfasser unterstreicht zwar die für die westgriechische Welt identischen Grundvoraussetzungen im gesellschaftlichen und wirtschaftlichen Bereich, die sich im Laufe des 7. Jahrhunderts v. Chr. aus immer stärkeren Spannungen innerhalb der vom Grundbesitz bestimmten oligarchischen Führungsschicht, dem nicht-privilegierten Demos und neu aufsteigenden Bevölkerungsgruppen, die von den Folgen des Übergangs zur Geldwirtschaft profitierten, ergeben hatten.

Doch bei der Einschätzung jener führenden Männer, die in den einzelnen Poleis die Lage stabilisieren und reformieren wollten, unterscheidet er von Anfang an zwei verschiedene Kategorien: einerseits jene Neuordner und Gesetzgeber, Aisymneten oder Nomotheten, welche innerhalb der bestehenden Verfassung die Krise mit Hilfe von Ausgleich, Rechtsfixierung und Beseitigung konkreter Mißstände überwinden wollten. Demgegenüber respektierte die zweite Kategorie dieser Mächtigen die traditionelle Struktur, die umfassende Privilegierung der bisherigen oligarchischen Führungsschicht nicht mehr; sie schreckte vor Gewaltanwendung nicht zurück, um die inneren Spannungen aufzulösen, wobei es auch in der Gruppe dieser sogenannten Tyrannen eine, je nach den lokalen Voraussetzungen denkbar große Vielzahl von Erscheinungsformen, Kontinuitätsproblemen und Entwicklungen gab.

Inmitten jenes Gärungsprozesses, der nach dem Untergang des Dorieus die sizilische Politik prägte, kam es in Gela zunächst zu einer Art Vorspiel der Tyrannis, als um 505 v. Chr. Kleandros die Macht ergriff und die Oligarchie stürzte. Doch dessen kurzfristiges Regiment endete schon wenige Jahre später, als der Herrscher ermordet wurde.

Gleichwohl betont Graf Stauffenberg die historische Bedeutung jenes Geschehens: «Obwohl dem ersten Tyrannen von Gela nur eine Spanne des Wirkens vergönnt war, die durch keine bedeutende Leistung hervortritt, ist sein Herrschaftsantritt denkwürdig als Geburtsstunde einer ununterbrochenen Kette großer Gewaltherrn in Trinakria und ihrer weltgeschichtlichen Leistung.» (160)

Aus dem Rückblick erscheint die kurze Herrschaft des Kleandros freilich lediglich als ein Vorspiel der entscheidenden Herrschaft seines Bruders Hippokrates, der nun die Macht übernahm, festhielt und erweiterte. Voraussetzung dafür war innenpolitisch die Gewinnung zuverlässiger und fähiger Anhänger wie des Kavalleriekommandeurs Gelon, außenpolitisch eine ganz ungewöhnliche Aktivität, die sich in der Niederwerfung der jonisch-chalkidischen Städte im Nordosten der Insel manifestierte. Die Beherrschung von Kallipolis, Zankle, Naxos und Leontinoi bildete die Basis zur Errichtung des ersten größeren sizilischen Territorialstaates, der seine Macht schließlich bis in den Raum von Syrakus erweiterte. Doch die Lage auf Sizilien komplizierte sich dramatisch, als im Westen Kleinasiens um 500 v. Chr. der Jonische Aufstand gegen die Perser begann, die Griechen in der Seeschlacht bei Lade 494 v. Chr. entscheidend geschlagen wurden und auch Milet fiel. Eine ganze Reihe von griechischen Stadtherren, wie Skythes von Kos und Kadmos von derselben Insel, wandte sich nun an der Spitze neuer, flüchtiger Kolonistengruppen in den griechischen Westen und griff alsbald in die dortigen Auseinandersetzungen ein.

Während Kadmos dem Hippokrates gute Dienste erwies und auch dessen Nachfolger Gelon zur Seite stand, war es Skythes' Schuld, daß Hippokrates gegenüber Zankle Stadt und Gesicht verlor. Die Preisgabe dieser Stadt enthüllte exemplarisch die Treulosigkeit eines Tyrannen gegenüber den Angehörigen seines Machtbereichs, falls ihm dies opportun erschien. So fehlen nach den großen Erfolgen in den Anfangsjahren des Hippokrates gegen Ende seiner Herrschaft die Rückschläge nicht. Im Falle von Syrakus hatte er den Bogen überspannt, die Einmischung von Korinth und Korkyra in jene Auseinandersetzungen konnte er nicht verhindern, so daß er sich schließlich auch noch zur Ausrüstung einer großen Flotte gezwungen sah. Inmitten der Belagerung der Sikelerstadt Hybla starb er im Jahre 491 v. Chr. in seinem Feldlager eines natürlichen Todes.

In den folgenden Kapiteln stehen zunächst die Beziehungen zwischen Gelon von Gela, Theron von Akragas und Anaxilas von Rhegion, danach Gelons Machtergreifung in Syrakus und sein Kampf gegen die Karthager, der in der Schlacht von Himera (480 v. Chr.) seinen triumphalen Abschluß fand, im Mittelpunkt der Darstellung (176–207). Höhepunkte dieser Geschehenskette sind einmal die revolutionären Spannungen in Syrakus, die dazu führten, daß «erstmalig in einer Griechenstadt der neuen Welt die Staatsform der Volksherrschaft eingeführt» (178) wurde.

Für Graf Stauffenbergs Schilderung des Geschehens in Akragas ist es bezeichnend, daß er dafür Übersetzung und Kommentar von Pindars sechster pythischer Ode auf «Xenokrates den Akragantiner, Sieger mit dem Wagen» (183–185) in den Mittelpunkt seiner Darstellung rückt. Einen Gipfelpunkt des Gesamtwerks bildet danach die Schilderung von Gelons Machtergreifung in Syrakus während des Jahres 485 v.Chr. und deren Ausbau, damit die Begründung einer durchaus persönlichen Form einer Tyrannis von bewußt aristokratischem Charakter. Über allen Einzelheiten des Geschehens ist evident, daß sich die große Auseinandersetzung mit Karthago in der Abwehr einer punischen Invasion abzeichnete.

In der Schilderung der Schlacht selbst, einer kritischen Darstellung der Kämpfe, die zudem durch eine Skizze der Operationen verdeutlicht wird, gelang dem Verfasser ein Höhepunkt der Schilderung antiker Schlachten. Eine Beschreibung der Folgen des Siegs, der Gelon zu einem der «größten Feldherrn seiner Zeit» (206) erhob, des glanzvollen Ausbaus von Syrakus und ein differenziertes Charakterbild des Deinomeniden runden die Darstellung ab.

Mit dem Kapitel «Hieron von Syrakus und Großgriechenland» (208–220) eröffnet Graf Stauffenberg einen neuen Darstellungskomplex, in dem einerseits Gelons ältester Bruder Hieron und andererseits die Dichtungen Pindars in den Mittelpunkt rücken und dabei in einer sehr persönlichen Weise in ihrem Wirken wie in ihren Interdependenzen erfaßt sind. Zunächst wird Gelons komplizierte Nachfolgeordnung und deren Scheitern vermittelt, dann die sizilischen Wirren nach der Errichtung von Hierons Tyrannis und schließlich dessen Ausgreifen nach Großgriechenland geschildert, das in seiner Unterstützung von Kyme und seinem Sieg über die etruskische Flotte gipfeln sollte. Damit waren die Voraussetzungen für das vor allem von Pindar akzentuierte Geschichtsbild geschaffen, das die Siege der Deinomeniden in denselben welthistorischen

Rang erhob wie die Erfolge der mutterländischen Griechen gegen die Perser.

In methodischer Hinsicht entsprechen auch die folgenden Kapitel der Darstellung – «Hieron und Pindar I, die erste olympische Ode» (221–229), «Pindar und Theron von Akragas, Olympien II und III» (230–245), «Hieron und Pindar II, Pythien II und III» (246–259) und schließlich «Hieron und Pindar III, Die Begründung Aitnas und Pythia I» (260–273) – Stauffenbergs anspruchsvoller Konzeption.

Die Verbindung von faktenreicher, oft auch kleinräumiger Ereignisgeschichte mit der Übersetzung und Interpretation der Dichtungen Pindars wird durch einen sehr persönlichen Gestaltungswillen geprägt. Die schwierige «Eindeutschung» der Pindarverse, die Stauffenberg sein Leben lang fesselten, die stupende Kenntnis der zugrundeliegenden mythologischen Voraussetzungen sowie die wiederholten Hinweise auf Lücken und Fragwürdigkeit der Überlieferung ergeben ein trotz aller Schwierigkeiten und Vorbehalte überzeugendes Gesamtbild. Dessen systematische Nachzeichnung und kritische Einordnung sind an dieser Stelle freilich nicht möglich. So sieht sich der Verfasser zu einer Konzentration auf die Schwerpunkte von Stauffenbergs Darstellung gezwungen, auf einen sehr knappen Bericht sowohl über das politische und soziale Geschehen als auch über die individuellen Pindar-Interpretationen, verbunden mit nur wenigen, kürzeren Beispielen der Pindar-Übersetzungen.[5]

In seiner ersten olympischen Ode feierte Pindar den Sieg von Hierons Rennpferd «Pherenikos» (Siegbringer) während der 79. Olympiade des Jahres 476 v. Chr. Seine erste Teilnahme am panhellenischen Zeusfest sollte für ihn sehr folgenreich werden, denn sie führte zu den Einladungen sizilischer Tyrannenhöfe, denen er noch im selben Jahre folgte. Sie stimulierte ihn zugleich zu einem Werk, das am Beginn seiner klassischen Leistungen steht.

Schon dessen berühmte Eröffnung wird von Stauffenberg zu Recht bewundert: «Auch sind von Pindars kunstvoll verschlunge-

nen Prooimien wenige prunkvoller oder berühmter als jener mit
einer farbenkräftigen metallisch-schimmernden Priamel anhebende
Eingang dieser Ode» (222):

> «Wasser ist das beste, es funkelt unsäglich
> Das Gold wie leuchtendes Feuer
> nächtens aus dem Mann-erhebenden Reichtum.
> Wenn du indes, geliebtes Herz,
> Die Spiele begehrst zu verkünden,
> Dann spähe nach keinem anderen Stern,
> Der wärmender sei als die Sonne,
> leuchtend am Tag durch den einsamen Äther,
> Noch wüßten wir ein mächtigeres zu verlauten
> als das olympische Wettspiel.
> Der klängereiche Hymnos umfängt von dort
> Den Sinn der Weisen, daß sie des Kronos Sohn
> Besingen, die zu Hierons
> Reichem seligen Herde gelangen.» (226)

Es ist für Pindar charakteristisch, daß er Hieron, der «mit Rechte-
wahrendem Zepter gebietet / im Schafe-reichen Sizilien / pflückend
aller Adeltugenden Gipfel», «den Rossekampf-frohen König von
Syrakus», nicht pathetisch isoliert und maßlos feiert, sondern seinen Wettkampf mit jenem des Pelops um die Hand der Hippod-
ameia verbindet und zugleich mit allgemeiner, persönlicher Erörterung verknüpft:

> «Nicht trifft auf kraftlosen Mann die große Gefahr.
> Welche des Sterbens Los befiel, wozu wohl sollte im Finstern
>   hockend
> Ein ruhmloses Alter einer verbrüten sinnlos
> Und aller Schönheit entbehren?» (228)

Graf Stauffenberg unterbricht nun Hierons Preis und wendet sich
Pindars Olympien II und III auf Theron von Akragas zu. Die beiden

Dichtungen stehen in einem ungewöhnlichen Kontrast zueinander. Gerade die zweite Olympische Hymne, die nach dem Verfasser in dem kleinen, esoterischen Kreise von engeren Freunden Therons und dessen Thiasos von Mysten in «orphischem» Rahmen vorgetragen wurde, ein Vorgang, der allein durch Pindar bezeugt ist, finden sich neue und tiefe religiöse Töne. Dasselbe gilt für die angefügten Splitter von Pindars Totenklagen.

Auch Pindars dritte Olympische Ode feiert Therons Sieg im Viergespann während der Olympiade des Jahres 476 v. Chr. – allerdings nun in eher traditioneller Weise. Graf Stauffenbergs Hypothese klingt wahrscheinlich, daß die Ode während der Theoxenienfeier, einer Götterbewirtung, welche wohl zugleich mit einer feierlichen Bewirtung der Bürger von Akragas verbunden wurde, zum Vortrag kam. In ihrem Mittelpunkt steht die Mythologie des Kranzes, der den Siegern verliehen wurde und der wiederum mit Herakles verbunden war.

Im folgenden Abschnitt, der Interpretation der Pythien II und III, kehrt Stauffenberg wieder zu den Beziehungen zwischen Pindar und Hieron zurück. Dabei feiert das frühere Gedicht einen sonst unbekannten Wagensieg Hierons mit dem Viergespann, der vermutlich 474/3 v. Chr. gerühmt wurde, doch fehlen der Dichtung auch nicht die apologetischen Töne, mit denen sich Pindar gegen Neider, Rivalen und Gegner verteidigt.

In der dritten Pythischen Ode engagiert sich Pindar dann für Hierons Gesundung. In sehr persönlicher Weise und wiederum unter Bemühung mythischer Gestalten trägt er seine Wünsche vor:

> «Der als König waltet in Syrakus, den Bürgern milde, den
>   Edlen Sonder Neid, als Vater bestaunt den Fremden.
> Brächt ich geschwisterte Freuden
> Ihm, wenn ich käme: die goldner Gesundheit und seinen
>   Kränzen Ruhmesglanz im Festgesang vom Kampfpreis
>   pythischer Siegesspur ...
> Wenn Du indessen der Worte den tiefsten Kern zu erfassen,
> Hieron, vermagst, so weißt du, von den Ahnen darob belehrt:

Zu einem Glücke teilen zweimal Leiden den Menschen jeweils
Zu die Unsterblichen. Ein Tor nur kann nach Gebühr
dies nicht ertragen, der
Edle wohl, denn er kehrt das Schöne nach außen.» (257 f.)

Im letzten, Hieron gewidmeten Pindarabschnitt (260–273) nimmt
das politische Geschehen dann größeren Raum ein: Der Verfasser
setzt mit den Folgen des Ätnaausbruches im Jahre 475 v. Chr. ein,
als sich Hieron zu großen Umsiedlungsaktionen entschloß und das
alte Katane in die Neugründung Aitna umwandelte, eine Stadt,
welche ihm notfalls als Zufluchtsort dienen und ihm heroische
Ehren erweisen sollte. Nach einigen Jahren setzte Hieron seinen
Sohn Deinomenes dort als König ein. Dies waren die Voraussetzungen, als «der Aitnaier Hieron» im Jahre 470 v. Chr. einen Wagensieg
in Delphi errang und Pindar in seiner ersten Pythischen Ode gleichsam «die Stiftungsurkunde Aitnas» (262) formulierte:

«Muse, folg mir, den Viergespannen zu künden
Die Entgeltung bei Deinomenes auch.
Nicht fremd ist die Freude: des Vaters
Das Siegesgepränge. So laß uns
Nun dem Könige Aitnas
Liebenden Hymnos erfinden, dem mit Gott gegründeter
    Freiheit
Nach hyllischer Richtschnur Gesetzen erbaut
Hieron die Stadt.» (262)

Vor allem den Eingang der Hymne, die in ihren späteren Teilen
erneut mit reichen mythologischen Elementen, aber auch allgemeinen Phänomenen verschränkt wurde, hat Graf Stauffenberg gefeiert: «Dieser Eingang ... ist höchsten Ranges und steht gleichwer-
tig neben jenen Schöpfungen der Weltdichtung, die ihre höchsten
Gipfel bezeichnen.» (268) Und wenig später: «Die erste pythische
Ode ist die sublimste der pindarischen Schöpfungen: ein Meister-
stück dichterischer Architektur, durch die Gedanken, Stimmungen,

Interessen, die scheinbar – als entbehrten sie des Zusammenhangs – gar nichts miteinander zu tun haben, und die doch zu einer wunderbaren Einheit verschmolzen sind. Und wenn Pindar auch manche Dichtungen hinterlassen hat, die gewiß nicht von geringerer Schönheit sind, so hat doch keine diesen Adel, diesen hochgemuten Stolz, dem es gelingt, die Harmonie der Sphären im Weltall auf die musische Ordnung des irdischen Staates der Menschen zu beziehen.» (270) – Ein Seitenblick auf die «Aitnaierinnen» des Aischylos rundet die Interpretation ab.

Graf Stauffenberg hat damit den Höhepunkt seiner Pindar-Vermittlung und damit eines Kerns seiner Darstellung insgesamt verlassen. Die folgenden beiden Kapitel – «Bild und Bau zur Zeit des strengen Stils» (274–284) und «Der Untergang der Tyrannis in Sizilien, Ende und Ausblick»(285–299) – stellen dagegen eher konventionelle Ergänzungen dar. Dabei ist nicht zu verkennen, daß er sich in der Vermittlung der künstlerischen Leistungen der Epoche besonders engagierte und um eine anschauliche und konkrete Schilderung der Kunstwerke der verschiedensten Sparten besonders bemüht war.

Exemplarisch sei wenigstens die Beschreibung und Interpretation des gewaltigen Tempels für den olympischen Zeus in Akragas skizziert, als dessen eigentlicher Bauherr Theron bestimmt wird: «Mit seinen Riesendimensionen von 112,70 : 56,30 m war dieses Olympieion das mächtigste Gotteshaus der klassischen Antike des Hellenentums und so schon insofern ein würdiges Denkmal des Herrschers, als es eine Baugesinnung verriet, die ins Überdimensional-Monströse ging und das klassische Maß hellenischen Bauens, das sich an der menschlichen Gestalt ausrichtete, weit hinter sich ließ.» (275)

In ähnlicher Weise werden die Metopen des Heraions von Selinunt gefeiert, in denen nach Stauffenberg die «Bildkunst des strengen Stils im griechischen Westen ihren großartigsten Ausdruck gefunden hat.» (276) So knapp der Überblick insgesamt erscheint, er dokumentiert nicht nur die umfassenden Kenntnisse des Verfassers auch in diesem Bereich, sondern zugleich dessen Ergriffenheit durch jene Werke.

Das Schlußkapitel schildert sodann in großen Zügen die Entwicklung im griechischen Westen bis in das 3. Jahrhundert v. Chr. Es schlägt damit einen großen Bogen bis zu Stauffenbergs Habilitationsschrift über Hieron II. und endet mit einer kurzen Gesamtbewertung: «Was die Generationen seit den Tagen der Gründer in der Mitte des 8. Jahrhunderts vorbereitet, das haben die Deinomeniden von Syrakus im Bunde mit den Emmeniden von Akragas zur Reife gebracht: sie haben den Hellenen des Westens einen weltgeschichtlichen Auftritt beschert, der gleichen Ranges war wie der des Mutterlandes. Was folgte, war beileibe nicht gering, und dennoch ein von dort gelenkter Nachklang großer Zeit.» (299)

*

Graf Stauffenbergs hier kursorisch skizzierte Monographien fanden eine sehr verschiedenartige Resonanz. Während sich mit «Malalas» nur eine Handvoll Spezialisten befaßte, auch der Verfasser selbst nicht mehr zu der Thematik zurückkehrte, blieb die so persönliche Habilitationsschrift über Hieron II. von Syrakus dank der Initiative Siegfried Lauffers gegenwärtig (Abdruck in: Macht und Geist. München 1972, 158–248). Die unter so großer Anspannung abgeschlossene «Trinakria» wurde dagegen kein buchhändlerischer Erfolg. Da das Werk nur noch schwer zugänglich ist, wurde sein Inhalt deshalb an dieser Stelle ausführlicher vermittelt.

VII SPEZIALSTUDIEN

1. *Germanentum und Spätantike*

Unmittelbar nach dem Erscheinen seiner Habilitationsschrift über «König Hieron II. von Syrakus» (1933) begann Graf Stauffenberg mit den Vorarbeiten für einen Forschungskomplex, der sich auf die Interdependenzen zwischen Germanen und Spätantike im Römischen Reich konzentrierte und der ihn bis zum Ende der dreißiger Jahre beschäftigen sollte. Auf wen die Anregungen zu dieser Studienfolge zurückgingen, ist nicht bekannt, möglicherweise hat ihn sein damaliger Betreuer in Würzburg und spätere Spezialist in diesem Bereich, Joseph Vogt, dazu ermutigt. Daß die Problematik Germanen und Römer in jenen Jahren besonders aktuell und auch umstritten war, ist evident. Stauffenbergs persönliche Faszination für seine Untersuchungen wird von Anfang an deutlich. Schon in seiner Einleitung zur ersten einschlägigen Arbeit heißt es mit echtem persönlichem Pathos: «Doch bleiben wir dessen eingedenk, daß die Geschichte ihr innerstes Heiligtum nur dem erschließt, der sich ihr naht mit tiefster geistiger Leidenschaft, fernab indes vom Streit des Tages und von Liebe oder Haß des Augenblicks. So bedarf es kaum einer Begründung, warum die richtige historische Einschätzung der Stellung, die das Germanentum im Oströmischen Reiche eingenommen hat, uns ganz besonders am Herzen liegt».[1]

Das Studienbündel, das er der gewählten Thematik widmete, sollte schließlich mehrere, sehr unterschiedliche Arbeiten umfassen: Am Beginn stehen die Aufsätze «Die Germanen im römischen Reich».[2] Es folgten mehrere kleinere Beiträge über Theoderich den Großen,[3] von denen Stauffenbergs Vortrag auf dem Deutschen Historikertag in Erfurt am 5.7.1937 das stärkste Aufsehen erregte.[4] Das Ende der Reihe bildet schließlich Stauffenbergs Beitrag zu Konstantin dem Großen in der Haller-Festschrift.[5]

Die Germanen im Römischen Reich   In der großen Studie konfrontierte Stauffenberg «die Überwindung des Weströmischen Reiches durch die Germanen und damit die Ablösung der römischen Antike durch das germanische Mittelalter» mit der «Ausschaltung des Germanentums im Ostreich» (301). Dabei ging er von der Entwicklung des «Reichsgermanentums in der Zeit von Caesar bis Diokletian» (303–311) aus. Gestützt auf die Monographie von Martin Bang[6] und auf die neueren speziellen Darstellungen, gab er einen Gesamtüberblick über diese, für die Reichsgeschichte wie für die germanische Welt zentralen Probleme, von denen hier lediglich die wichtigsten Fakten und Einschnitte skizziert werden können.

Ausgehend von der Verwendung germanischer Auxilien in Caesars bellum Gallicum wird vor allem die Zäsur des von Iulius Civilis stimulierten Bataveraufstandes vom Jahre 70 n.Chr. hervorgehoben. An die Stelle der jeweils in sich geschlossenen, nach Stämmen strukturierten und in ihren Heimatprovinzen garnisonierten Einheiten trat nun deren bewußte Verlegung in gefährdete Grenzgebiete, wie nach Britannien und in den Donauraum.

Einen ähnlich tiefen Einschnitt brachte nach Graf Stauffenberg der Markomannenkrieg Mark Aurels, als dieser Herrscher angesichts der weiträumigen germanischen Vorstöße bewußt Germanen gegen Germanen einsetzte, zunächst die Quaden, danach auch die Asdinger und Buren. Doch unter Marcus begann auch «jenes Einströmen germanischen Blutes in den mittelmeerischen Bereich, das dann Jahrhunderten der sterbenden Antike das Gepräge gab und eine Entwicklung anbahnte, die erst mit dem Untergang der gotischen Reiche in Spanien und Italien und dem des Langobardenreiches ihren Abschluß fand.» (309)

Gleichsam die entscheidende Achse für die weitere Entwicklung des römischen Heerwesens in der Spätantike schildert Stauffenberg in dem Kapitel über «Die diokletianisch-konstantinische Militärordnung und die Zeit bis auf Theodosius den Großen» (311–332). Obwohl er durchaus auch den wichtigen Maßnahmen und Neuerungen der Soldatenkaiser des 3. Jahrhunderts gerecht wurde, erklärte er dennoch mit Nachdruck: «Die Zeit kündigt sich an, in der eine Truppe umso höher eingeschätzt wurde, je ‹barbarischer› sie war. In der Heeresreform des Kaisers Diokletian hat die ‹Barbarisierung› des römischen Heeres, die je länger, je mehr mit der Germanisierung gleichzusetzen ist und die das hervorstechendste Merkmal der Kriegsgeschichte des 4. und 5. Jahrhunderts abgibt, ihren ersten Höhepunkt erreicht.» (317)

Noch bedeutsamer erschienen Stauffenberg indessen die Entscheidungen Konstantins des Großen, der als «umstürzender Neuerer» etikettiert wird: Er ging dabei davon aus, daß ganz generell «die Hilflosigkeit und Unzulänglichkeit der neueren Geschichtsschreibung in der Beurteilung dieses mächtigen und für alle Zukunft richtungweisenden Herrschers ... kaum zu überbieten» ist. «Seine Religionspolitik beispielsweise, für die man einzig seine naive Gläubigkeit (!) verantwortlich macht, verurteilt man, weil durch die nunmehr zwangsläufig gewordene Beteiligung des Staates an den christologischen und sonstigen dogmatischen Auseinandersetzungen innerhalb der Kirche viel Blut geflossen und viel Unheil angerichtet worden sei. Aber als der erste Caesaropapist ist Konstantin der Schöpfer und zugleich der erste Vertreter eines universalen christlichen Reichsgedankens; in ihm hat das weite Imperium zum ersten mal eine alle Schichten einigende, alle Nationalitäten überwölbende Idee erhalten.» (320)

Im Rahmen seiner Hauptperspektive verweist Stauffenberg sodann mit Nachdruck auf die Wechselbeziehungen zwischen Germanen und Konstantin. Er erinnert an das, was der Kaiser den Germanen verdankte: Die Unterstützung durch den Alamannenkönig Crocus bei seiner Thronerhebung im Jahre 306 n. Chr. wird dabei ebenso berücksichtigt wie der massive Einsatz germanischer Verbände in den Auseinandersetzungen mit Maxentius und Licinius.

Andererseits wird unterstrichen, daß «die das germanische Element innerhalb und außerhalb des Reiches im Überfluß begünstigende Politik, die dann von seinen Söhnen und den späteren Thronerben bis auf Theodosius den Großen fortgesetzt wurde, ... von Konstantin eingeleitet worden» ist. «Sie hat schließlich dazu geführt, daß die höchsten Würden nicht nur im militärischen Bereich ... und zwar in dieser Sphäre natürlich ganz besonders, ja fast ausschließlich – Germanen übertragen wurden, sondern daß auch hohe Verwaltungsposten, Hofstellungen und dergleichen mehr und mehr von ihnen eingenommen wurden.» (321 f.)

Als Graf Stauffenberg wenige Jahre später im Rahmen der Haller-Festschrift den Reichsgedanken Konstantins analysierte, griff er, vor allem in geistes- und religionsgeschichtlicher, aber auch in politischer Hinsicht, noch wesentlich weiter aus.

Einerseits wurde nun offen unterstellt, «daß Konstantin ganz bewußt das Germanentum zum tragenden Ferment des neuen Staatsbaus machen wollte» (296), andererseits folgte aus Konstantins «Eigenschaft als christlicher Weltherrscher», «daß sein Reich mit der im wahren Glauben zu einigenden Menschheit zusammenfallen müsse.» (297) – Die weitere Entwicklung bis zum Tode Theodosius' des Großen (395 n. Chr.) wurde in dem militärgeschichtlich akzentuierten Germanenkapitel dann nur noch skizziert.

In dem mit «*FOEDERATI*» überschriebenen Kapitel seiner großen Germanenstudie (332–388) zeigte sich Stauffenberg dann von einer neuen Seite. Zunächst rief er in Erinnerung: «Die richtige Deutung und Einschätzung der ‹nationalen› Reaktion des Ostreichs gegenüber dem Germanentum, eines Vorgangs von kaum absehbarem Ausmaß der weltgeschichtlichen Nachwirkung, den man bisher keineswegs seiner Bedeutung entsprechend gewürdigt hat, ist der eigentliche Zweck unserer Darlegungen.» (333)

Doch dazu war ein «Gesamtüberblick über die Entwicklungsgeschichte des römischen Vertragsrechts» ebenso erforderlich wie ein angemessenes «Verständnis der staatsrechtlichen Grundlagen der römischen Weltherrschaft sowie die Klärung der rechtlichen Begründung und Deutung der territorialen Entwicklung des römischen Reichs.» (334) In konkreter wissenschaftlicher Hinsicht bedeutete dies in erster Linie eine systematische Auseinandersetzung mit Theodor Mommsens Konzeption von der Stellung der *foederati* des 4. und 5. Jahrhunderts n. Chr. Stauffenberg zögerte deshalb nicht, in einer ebenso systematischen wie differenzierten Erörterung die einschlägigen Entwicklungen seit dem 3. Jahrhundert v. Chr. nachzuzeichnen und zu bewerten. Diese staats- und verfassungsrechtlichen Kontroversen können in unserem Rahmen nicht näher analysiert und kommentiert werden. Der Verfasser gelangte jedenfalls zu der Überzeugung, daß «Mommsens Definition des foedus als eines rechtlich und grundsätzlich auf Reichsangehörigkeit gestellten Vertrages ... nicht gehalten werden» (356) kann.

In noch weiterem Rahmen gesehen, äußerte Stauffenberg die Auffassung: «Das römische Weltreich hat das Erbe der hellenischen Polis angetreten und ist damit in gewissem Sinne zum Vollstrecker ihres letzten Willens geworden, indem es die von Anfang an latent gegebenen Möglichkeiten ihrer imperialen Ausweitung erschöpft hat; im staatlichen Bereich ist es der Testamentsvollstrecker der Antike.» (357)

Im Schlußkapitel seiner Untersuchung, das «Die Germanen und Ostrom» (388–405) überschrieben ist, kontrastiert Graf Stauffenberg die bisher dominierenden weströmischen Phänomene durch ein Bild der Vorgänge im Osten: «Im Ostreich dagegen sank die bisher gleichmäßig steigende Fieberkurve der Überfremdung (durch die Germanen) in plötzlich lotrechtem Sturze ab, mit einem Male besannen sich die Byzantiner auf sich selbst, auf ihre Herkunft, auf

die Glorie ihrer tausendjährigen griechisch-römischen ͭ
rung, kurz auf ihr ‹Nationales›; aus längst verschüttet geᵦ.
Tiefen entbrannte unvermutet ihr leidenschaftlicher Haß wider aιͺ
nordischen Fremdlinge, auf allen Fronten setzte ein erbitterter Widerstand gegen die nah gefühlte Fremdherrschaft ein, dessen Ergebnis die Verdrängung des Germanentums im Oströmischen Reiche war.» (389 f.)

Auf die politischen und geistesgeschichtlichen Einzelheiten von
Stauffenbergs Argumentation kann hier wiederum nicht eingegangen werden. Zuletzt wird jedenfalls noch einmal Konstantin der
Große als «der Herr der Wende zwischen Altertum und Mittelalter» (403) gefeiert. Mit extremem Pathos aber schließt der Autor
ab: «Denn der Reichsgedanke wirkte weiter und jenem Volke, mit
dessen Hilfe einst Konstantin sein christliches Weltimperium begründen wollte, dem Volk, das sich trotz aller Rückschläge und Ver-
fallsepochen – trotz aller Selbstbesinnung – über die Jahrtausende
hinweg den übernationalen, den wahrhaft europäischen Blick bewahrt hat, war es vorbehalten, das abendländische Imperium zu er-
neuern, an jenem denkwürdigen Weihnachtsfest des Jahres 800, als
Karl der Große aus den Händen des Papstes die römische Kaiser-
krone empfing: Geburtstag Christi, Geburtstag der Sonne, Geburtstag in gewissem Sinne auch des heiligen römischen Reiches deutscher Nation.» (405)

Theoderich der Große und seine römische Sendung[7] Von
allen öffentlichen Vorlesungen, die Graf Stauffenberg hielt, erzielte
sein Theoderich-Vortrag vom 5.7.1937 auf dem Erfurter Historikertag die stärkste Resonanz. Dabei ging es ihm nicht um eine erneute Gesamterfassung der Persönlichkeit des 453 n. Chr. gebore-
nen Ostgotenkönigs (473–526), sondern primär um die Fixierung
von dessen Stellung in der «Umwelt und in der Gesamtentwicklung, sein Verhältnis zum Römerimperium vor allem und seine
Mittelstellung zwischen ihm und den jungen Germanenstaaten des
Westens.» (407)

Dazu griff er zunächst bis auf Konstantin den Großen zurück, erinnerte an dessen universale Reichskonzeption christlichen Gepräges, in der auch dem Germanentum eine völlig neue, privilegierte Stellung eingeräumt war, und stellte diese nun in einen denkbar weiten, universalhistorischen Rahmen:

«Nach jahrhundertelanger Vorbereitung, während das freie Germanentum den großen Umkreis der Weltpolitik in vielerlei Kämpfen sozusagen nur am Rande, als Tangente berührt, beginnt so die früheste Phase einer wahrhaft germanischen Geschichte als Weltgeschichte im Grunde erst seit Konstantin, unter dem das Germanische zum ersten Male sichtbar wird als gestaltende Macht und mit den beiden übrigen das Mittelalter bestimmenden Geistesmächten des Christentums und des antiken Erbes in einer besonderen Mischung zur Formung des Lebens zusammentritt.» (409)

In solcher Perspektive werden sowohl die Bedeutung des Kaisers Theodosius I. (379–395), als des «letzten großen Freundes der Goten und des Friedens» (Jordanes, Get. 29,146) hervorgehoben als auch jene des Alarich-Nachfolgers Athaulf (Westgotenkönig 410–415), der nach Stauffenberg unter dem «Zauber der römischen Kaisertochter Galla Placidia, mit der er seit 414 vermählt ist … zum Träger einer politischen Idee» wurde (410).

Und er zieht die Konsequenz: «Der erste Erträumer eines Gotenreiches im Rahmen des römischen Imperiums, aufgefaßt als dienendes Glied eines unvergänglichen übergeordneten Ganzen, wird so zum geistigen Ahn der großen germanischen Gestalter der kommenden Epoche, vor allen Theoderichs.» (410)

Bei Theoderich selbst werden zwar dessen Entwicklung und Erfolge, so seine Ernennung zum König «seines vielfältig zusammengesetzten Heergefolges» (493 n. Chr.) wie die Übersendung der Insignien des weströmischen Kaisertums durch Anastasius im Jahre 498 n. Chr. oder die vorübergehende Errichtung eines germanischen Bündnissystems hervorgehoben, doch gleichzeitig wird als «das innerste Geheimnis seiner politischen Konzeption … sein imperialer Gedanke» (416) bezeichnet. Abschließend aber wird konstatiert:

«Nennen wir ihn einmal, was er zwar nicht dem Namen nach, wohl aber dem Geiste und Gehalte nach gewesen ist und wie ihn auch antike Zeitgenossen und Nachkömmlinge begriffen haben: den letzten römischen Herrscher, den ersten und einzigen Germanen als Gebieter des römischen Abendlandes.» (419)

Wenn über Graf Stauffenbergs Vortrag während dreier Tage kontrovers diskutiert wurde,[8] so wohl deswegen, weil sich die Apologeten des rassisch fundierten, germanischen Faktors im nationalsozialistischen Geschichtsbild durch Stauffenbergs Akzentuierung provoziert fühlten. Selbst seine ihm gegenüber stets besonders kritischen Brüder waren immerhin wenigstens von seinem Wagnis und seiner Zivilcourage überrascht.

2. Das Hethiterreich und die großen Wanderungen

Graf Stauffenbergs Studie über die großen Wanderungen und das Hethiterreich[9] kommt in mehrfacher Hinsicht eine Sonderstellung innerhalb seines wissenschaftlichen Œuvres zu. Es handelte sich dabei um einen «Versuch zur vergleichenden Universalgeschichte», doch um einen Versuch «ohne Anspruch auf wissenschaftliche Verbindlichkeit» (7) – dies, obwohl der Verfasser seine Überlegungen auf der sicheren Kenntnis und Auswertung der wichtigsten Forschungsergebnisse und -kontroversen seiner Gegenwart aufgebaut hatte.[10] Es berührt dabei äußerst sympathisch, daß er immer wieder die Grenzen seines eigenen Wissens unterstrich. Gleichwohl handelte es sich um eine seiner anspruchsvollsten Arbeiten.

In inhaltlicher Hinsicht stellte Stauffenberg einen großen Zusammenhang her zwischen der Indogermanenwanderung um die «zweite vorchristliche Jahrtausendwende» (32), den Einbrüchen der Frühgriechen in die Balkanhalbinsel, der Hethiter in Kleinasien, den illyrischen Wanderungen und der germanischen Völkerwanderung. Sie alle verband er mit einer Skizze der Macht- und Herrschaftsformen zentraler wie föderaler Struktur und deren Wandlungen.

Zugleich war die Arbeit für Stauffenbergs universalhistorisches Geschichtsverständnis charakteristisch. Von ihr führt ein Weg zur späteren Disposition und Abgrenzung seiner Münchner Vorlesungen und insbesondere zu seiner großen Anatolienexkursion.

Einen methodischen Schwerpunkt seines Vorgehens bildete die besondere Berücksichtigung der sprachwissenschaftlichen Forschungen. Er begründete dies folgendermaßen: «Was sich in den Sprachen der Völker als deren geheimnisvollstem und kostbarstem Besitz und unbestechlichster Äußerung ihrer Seele und ihres Wesens als urverwandt erwiesen hat, muß über die Jahrtausende hinweg in der Geschichte dieser Völker als seelisch verwandtes Verhalten sichtbar werden.» (32)

Kritisch-zurückhaltend würdigte er auch die Bedeutung der vorgeschichtlichen Resultate, lehnte indessen die pauschale Anwendung der Rassenlehre kategorisch ab, was zur Zeit der Erstpublikation als Provokation empfunden werden mußte: «Rasse und gestaltender Formwille, soweit er sich in vorgeschichtlichem Gebrauchsgerät äußert, stehen in keiner festen Relation, weil schon in dieser frühen Zeit die zugrundeliegende ethnische Schicht gewissermaßen mit einer bestimmten Rasse nicht zusammenfällt.» (22) In dieselbe Richtung weisen die offene Ablehnung des «rassenpsychologischen» Moments (25) oder die Ablehnung von Paul Kretschmers «Protindogermanentheorie» (28).

In diesem großen Rahmen unterstrich Stauffenberg die Sonderstellung des Hethiterreiches, dem er sich ausführlicher zuwandte: «Einmal bewahrt es die Züge eines archaischen Zustands von seltener Geschlossenheit ... es handelt sich hier um das einzige indogermanische Volk, das in einen für uns einigermaßen überschaubaren und durchsichtigen Hochkulturkreis nichtindogermanischen Gepräges eingetreten ist.» (10)

Bei der Würdigung dieser vielschichtigen Arbeit, deren Inhalt hier nur in gedrängter Form wiedergegeben wurde, kommt es aus der Sicht der Gegenwart darauf an, die Publikationsgeschichte der Studie zu berücksichtigen. Dazu konstatiert der Verfasser im ersten Nachdruck des Beitrags (1947): «Auf den Abschnitt, der sich mit den damals gängigen Rassentheorien auseinandersetzt, wurde verzichtet, da die ursprüngliche Fassung, die in ihrer beißenden Ironie von den Herausgebern der Welt als Geschichte (1941) damals begreiflicherweise nicht angenommen werden konnte, nicht wiederherzustellen war.» (238) Der zweite Nachdruck (1972) folgte diesem Vorbild.

Gleichwohl lohnt es, aus der Erstfassung wenigstens den folgenden Abschnitt in Erinnerung zu rufen: «Wo diese vereinfachende Betrachtungsweise (sc. der Rassenideologie) indessen auf das Ganze weltgeschichtlichen Lebens bezogen die abschließende Lösung für sich in Anspruch nimmt, da muß ihr Halt geboten werden. Denn dieses Leben ist zu vielfältig verwickelt, bunt und geheimnisvoll, es untersteht zu vielen Kräften der Vernunft, Widerstand der Leidenschaften, Mächten der Tyche und des Dämonischen, als daß es mit dem biologischen Begriff der Rasse irgend zu erschöpfen wäre. Scheint es doch, als schliche sich da in neuer Maske eine wesentlich stofflich gerichtete Geschichtsbetrachtung ein.» (335 – Hinweis von P. Hoffmann)

3. Zur griechischen Geschichte

Dorieus Graf Stauffenbergs große Studie über den spartanischen ‹Prinzen› Dorieus,[11] die drei Jahre vor seinem, für ihn selbst wohl wichtigsten Hauptwerk «Trinakria» und vier Jahre vor seinem Tode erschien, eine seiner ausführlichsten und intensivsten Spezialuntersuchungen überhaupt, dokumentiert die Intensität der Vorbereitungen für dieses Buch wie seine umfassende und kritische Kenntnis der einschlägigen Spezialliteratur, mit deren Thesen und Antithesen er sich passioniert auseinandersetzte.

Ausgangspunkt der schließlich weitgespannten Erörterungen ist einmal die «Koloniegründung» des Dorieus, der um 515/4 v. Chr. im Einvernehmen mit Kyrene längs der Großen Syrte segelnd schließlich zum Fluß Kinyps vorstieß und dort auf dem «Hügel der Chariten», in fruchtbarster Landschaft, «seine» Stadt gründete. Dieser an sich scheinbar nur sekundäre Vorgang erhielt nun deswegen besonderes Gewicht, weil nach Herodot (IV, 178 f.) damals Orakel und Göttersprüche in Umlauf waren, «welche die spartanische Kolonisierung der Insel Phla im Tritonischen See weissagten und verkündeten, rings um die Ufer dieses Sees würden einst hundert Hellenenstädte entstehen.» (67)

Beides zusammen alarmierte die Karthager, die deshalb schon 512 v. Chr. die neue Ansiedlung des Dorieus zerstörten. Doch Dorieus gab seine Westpläne nicht auf. Er wagte nun einen Zug nach Sizilien, wo er in den krotonisch-sybaritischen Krieg verstrickt wurde, schließlich die Stadt Herakleia am Eryx gründete, dort aber 508/7 von den verbündeten Phönikern und Karthagern vernichtet wurde. Mit all dem wurden Dorieus' Initiativen in den größeren Zusammenhang griechisch-karthagischer Auseinandersetzungen eingefügt.

Als zweiter Ausgangspunkt seiner Studien dient dem Verfasser «Gelons Vergeltungskrieg» (74–83). Im Mittelpunkt steht hier eine eingehende Interpretation der Antwort des Tyrannen Gelon von Syrakus auf die spartanische Einladung zum gemeinsamen Kampf gegen die Karthager und das Scheitern von Gelons eigenen weitgesteckten Plänen. Die Bedeutung dieser Vorgänge wird dadurch ersichtlich, daß Graf Stauffenberg konstatiert: «Der Machtdualismus im westlichen Mittelmeerbecken blieb noch für weitere Jahrhunderte bestehen.» (83)

Das letzte Kapitel der Studie ist dann in umfassenderer Weise den «Griechen in Libyen» gewidmet (84–105). Im Mittelpunkt steht dabei eine Untersuchung der verschiedenen Schichten der frühgriechischen Sagentradition und der Versuche zu deren Historisierung, ein Mosaik von Einzelbeobachtungen verschieden-

ster Tragweite und Sicherheit, das zum Teil verwirrend wirken
mußte.

Graf Stauffenbergs Zusammenfassung seiner Einzelinterpreta-
tionen steht dazu in stärkstem Kontrast: «Als Schlußfolgerung aus
unserem Beweisgang ergibt sich endlich, daß die griechische Geschichte nunmehr in eine ganz neue welthistorische Beleuchtung
tritt. Nicht erst im 6. Jahrhundert und nicht im beiderseits koloni-
alen Raum des westlichen Mittelmeers ist der geschichtsmächtige
hellenisch-karthagische Gegensatz ausgebrochen, ... sondern schon
vorher. Karthago trägt die Verantwortung dafür, weil es friedliche
Griechengemeinden auf afrikanischer Erde, ... teils verknechtet,
teils vernichtet hat, bis schließlich gar die Erinnerung an sie ver-
stummte. Dorieus hat die dienstbar gewordene Griechenerde zu *befreien* unternommen und Gelon hat es wenigstens geplant: beide
vergebens.» (104 f.)[12]

Themistokles Graf Stauffenbergs erst 1948 publizierte
Themistokles-Miniatur entspricht einem Vortrag, den er im November 1942 während einer Beurlaubung vom Kriegsdienst zur
Wahrnehmung seiner Würzburger Professur vor dem dortigen
Verein der Freunde der Antike halten konnte.[13] Die Konzentration
auf diese, so wirkungsmächtige Gestalt, den «Retter Griechenlands
in schwerster Zeit und vor Jahrtausenden Behüter des Abendlands»
(139), den Initiator der athenischen Seemacht und Sieger von Salamis (480 v. Chr.) und damit den entscheidenden Strategen der Perserkriege, ist deshalb so überraschend, weil der Vortragende schon
eingangs die «geheime Fremdheit» von dessen Persönlichkeit (122)
unterstreicht, einer Persönlichkeit, die so wenig Stauffenbergs Prioritäten entsprach.

«Fast ungriechisch, in jedem Fall unattisch ... erscheint die Ausschließlichkeit eines Tätertums, dem die Anmut, dem jede musische
Regsamkeit, jede geistige Helle fehlt und das Geistige zu nur politischen, ungeistigen Zwecken zu mißbrauchen wagt. Wie Urgestein
ragt er blockhaft – einem Relikt verschollener Weltalter gleichend –

in eine vom Geiste beherrschte Kulturlandschaft herein: ein pelasgischer Wiedergänger.» (122)

Später wird deutlich, daß Graf Stauffenbergs Bild auf die Eindrücke jener Bildnisherme zurückgeht, die damals der Archäologe Bernhard Schweitzer beschrieben hatte: «Auffallend breit und massiv ist der Bau dieses Kopfes, voll und rund sind die Wangen, wulstig und schräg nach oben zulaufend die Stirn, niedrig und breit, kurz und kräftig, eigentümlich in die mimische Bewegtheit der Züge hineingezogen die Nase, … Am meisten jedoch überrascht die wenig aristokratische Derbheit, ja fast Gewöhnlichkeit der Züge.»[14]

Während nach Graf Stauffenberg «die Generationen unserer Väter und Vorväter» Themistokles «von der Aura einer vorbildlichen Klassizität» umgeben sahen, unterstreicht er selbst, «daß sich in Themistokles verschollene Blutströme urägäischer, das heißt vorgriechischer Herkunft neu verkörpert haben.» (122) Diese Prämisse erklärt die folgende, intensive Erörterung von Themistokles' Herkunft und Bindungen. Er verweist darauf, daß dieser aus dem attischen Adelsgeschlecht der Lykomiden stammte, die ihrerseits einem alten Priesteradel angehörten.

Seine Konsequenz lautet: «Aus dem Mysteriengeschlechte der Lykomiden, das bäuerliche Schichten der attischen Einwohnerschaft kultisch betreute, ist Themistokles hervorgegangen, derselbe Staatsmann, der wie kein anderer das untere Volk zur Macht empor geführt hat, der eigentliche Begründer der athenischen Volksherrschaft (Demokratie) so sehr, daß ein Aristokrat vom Range Platons ihn als Verderber des athenischen Volkes gebrandmarkt hat.» (125)

Während die politischen Anfänge des Themistokles im Dunkel liegen, ändert sich dies mit seinem Archontat im Jahre 493/2 v. Chr., als er den Hafen Piräus anlegen ließ, den ersten Schritt und die wichtigste Voraussetzung zum Aufbau einer athenischen Seemacht, die ihrerseits wiederum ohne die Bindung an die demokratischen Kräfte der Stadt nicht zu realisieren war. Gleichzeitig hat Stauffenberg Themistokles' damalige Freiheit von den Bindungen an die mächtigen Adelsgeschlechter der Stadt unterstrichen: «Seine damalige Stärke könnte in seiner Unabhängigkeit, seiner Vereinzelung bestanden haben.» (127)

Auf eine ausführliche Schilderung der Perserkriege und insbesondere der erfolgreichen strategischen Konzeption des Themistokles, die in seinem entscheidenden Sieg in der Seeschlacht von Salamis gipfelte, folgt knapp die Schilderung seiner politischen wie existentiellen Katastrophe, die ihn zuletzt als Vasallen des persischen Großkönigs sah. All dies mündet in eine Würdigung seiner Persönlichkeit: «Adelig im vollen Sinne ist dieser große Täter nicht gewesen. Trotz ungeheurer Fülle der Substanz und überragender Genialität konnte er nie vergessen lassen, daß er von Abkunft wegen jene Selbstverständlichkeit der Machtansprüche nicht besaß, wie sie damals das Vorrecht fürstlicher Familien, der Alkmaioniden oder Philaiden war, und wie sie nur das wahrhafte Herrentum der Geburt und der ererbte Reichtum der Jahrhunderte verleihen, wo nicht das Charisma der Götter begnadet.» (138)[15]

Recht und Macht in der Geschichte am Beispiel Alexanders des Großen Den Perspektiven des Publikationsortes entsprechend,[16] setzt der Verfasser mit einer geschichtsphilosophischen Reflexion über die Dialektik von Macht und Recht ein. Dabei verleugnet er keinen Augenblick die Tatsache, daß seine Gedanken und Wertungen unter dem unmittelbaren Eindruck der Krise des vergangenen Jahrzehnts wie der Gegenwart stehen.

Den entscheidenden Impuls zu seiner Betrachtung aber gab ihm das bald nach dem Zusammenbruch von 1945 geschriebene Werk von Fritz Schachermeyr, «Alexander der Große. Ingenium und Macht» (Graz 1949). Dabei begnügt sich Graf Stauffenberg nicht mit wohlfeiler Kritik an diesem «zeitgemäßen» Revisionsbild Alexanders des Großen. Er würdigt seinen Herausforderer vielmehr von Anfang an als «angesehenen, sehr verdienten und ungewöhnlich kenntnisreichen» (146) Gelehrten. Schachermeyrs Werk scheint ihm indessen «symptomatisch die ernste und tiefwirkende Gefährdung zu bezeichnen, die das historische Denken in den Umbrüchen unserer Tage bedroht.» (146)

Stauffenberg geht in seiner Studie von einer Analyse von Alexanders Rechtsbrüchen aus, wobei schon im ersten Falle, den «zwei politischen Mordtaten an Angehörigen des eigenen Hauses und mit Kabinettsjustiz an den Lynkesten» (147), die Ausgewogenheit seines Urteils imponiert. Er betont zwar einerseits, «daß politische Taten mit anderen Maßen zu messen sind als denen einer landläufigen Moral», konstatiert jedoch andererseits eindeutig: «ich bezweifle die Notwendigkeit dieser Taten um der Staatsraison willen.» (147)

Als zweiten Konfliktsfall erörtert Stauffenberg sodann die brutale Liquidation des Parmenion und dessen traditionsbewußter Anhänger einer dezidiert «makedonischen» Politik im Jahre 330 v. Chr. Der Autor räumt ein, daß Alexanders Entscheidungen «manches mit einer unmenschlich-kalten Staatsraison, aber gewiß nichts mehr mit Recht zu tun» (151) haben. Sein Urteil lautete: «hier galt nur noch der Wille des Genius, der sich selbst der Welt zum Gesetz setzte und in die Rolle östlicher Willkür und asiatischer Despotie emporgewachsen war.» (151) Es folgen durchaus vergleichbare Analysen und Beurteilungen der Kleitos-Katastrophe, der Pagenverschwörung und der Hinrichtung des Kallisthenes.

Schon hier fügt Graf Stauffenberg eine allgemeine, grundsätzliche Zwischenbilanz ein: «Nicht um das Gewicht der das Recht beugenden Taten Alexanders zu verkleinern, wird hier die These gewagt, daß es geschichtsfremder ethischer Rigorismus ist, sie zum Angelpunkt der Deutung und des Urteils über den König zu machen. Sie geben seinem Bild die dämonischen Züge, die das Erbteil der Täter in der menschlichen Geschichte sind, aber es sind nicht seine einzigen Züge und angesichts des zu allen Zeiten empfundenen weltgeschichtlichen Ranges seiner Gestalt und seiner Taten scheint die Frage erlaubt: hat je ein weltgestaltender Machthaber der Geschichte sein Werk mit geringeren Blutopfern jenseits der Grenze zwischen Recht und Macht verfolgt?» (152 f.)

Es gehörte einiger Mut dazu, in jener Zeit auszusprechen, was kaum opportun war: «Eine Zeit, die geschichtliche Größe im Spiegel des bewunderten modernen Gewaltherrn verehrt, um sie dann nach dessen Sturz an den freiheitlichen Maßen der modernen Demokratie zu brandmarken, verletzt die Distanz, vereinigt Unvereinbares und vergleicht, was unvergleichbar ist. Man vergesse doch nicht, daß auch diese Demokratie mit ihrem zarten Gewissen, Kreuzzüge unternimmt, Gewalttaten begeht, prachtvolle Städte zerstört und Hunderttausende tötet, wo sie ihr Gesetz und ihr Werk bedroht sieht.» (153)

Der letzte Punkt in Schachermeyrs Werk, der Graf Stauffenberg besonders herausforderte, war die «Massenhochzeit» von Susa im Jahre 324 v. Chr. Sein österreichischer Kollege hatte jene Vorgänge so bewertet: «Was uns am königlichen Vorhaben (jedoch) ungeheuerlich anmutet, ist die Nüchternheit, mit welcher hier eine Art von freiwilligem Zwang in die privateste Sphäre eingriff, … Mehr noch als alles andere offenbart uns diese Hochzeit von Susa die Tragik genialer Despoten. Sie erheben nicht auf die Dauer, sie erniedrigen viel eher und knebeln.» (400 ff.)

Demgegenüber setzt Stauffenberg seine eigenen Überzeugungen und Wertungen: «Die Frage besteht zu Recht, ob je der Lauf der Geschichte tiefer durch einen Genius geprägt worden ist, als durch Alexander.» (155) Und Graf Stauffenbergs letzte, entschiedene Sätze lauten: «Vor allem sollte niemand vergessen, worin Alexander einmalig und unvergleichbar ist: daß dieser jugendlich-ritterliche Genius, den eine unbeschreibliche Hoheit umglänzt, dessen Zauber sich niemand entziehen kann, zugleich ein legitimer König gewesen ist. Mehr als auf irgendeinen anderen und in vollem Sinne auch im Blick auf die uns hier bewegende Frage nach dem Verhältnis von Macht und Recht in seinem Leben kann auf ihn das Wort Pindars (Ol. I 181 f.) angewendet werden: … ‹aber das Äußerste türmt sich den Königen.›» (157)

4. *Zur jüdischen Geschichte*

*D*er *Freiheitskampf der Makkabäer*   Die öffentliche Festansprache, die Graf Stauffenberg am 13. März 1955 zum Abschluß
der «Woche der Brüderlichkeit» in München hielt, ist gewiß eine
seiner bedeutendsten und eindrucksvollsten Reden überhaupt gewesen. Dennoch wurde sie erst 1972 einem größeren Leserkreis zugänglich.[17] Gemäß ihrer Funktion setzte sie mit einer Erörterung
des Wesens und der Problematik der Toleranz ein, verwies jedoch
auch sogleich auf die Schwierigkeiten ihrer Verwirklichung im poli-
tisch-geschichtlichen Raum.

Stauffenbergs Bilanz lautete: «Nur dort werden die Ideen der
Freiheit und Menschenwürde und der Achtung vor dem andern die
obersten Prinzipien menschlicher Ordnungsgewalten sein und bleiben und den Abgrund, der sie von der Wirklichkeit trennt, zu überwinden vermögen, wo jener oberste sittliche Adel zu Hause ist, der
bereit ist, dafür sein Leben zu wagen.» (251)

An dem historischen exemplum, das Stauffenberg auswählte,
um diese Zusammenhänge konkret zu zeigen, einem Beispiel aus
der Geschichte des jüdischen Volkes, dem Freiheitskampf der Makkabäer, wollte er ins Bewußtsein rufen, «welches Verhängnis eine
politische Macht auf sich heraufbeschwört, die das Gebot der Toleranz verletzt, zugleich aber auch … (einschärfen), daß selbst einem
kleinen Volke nach vielhundertjähriger Knechtschaft der Tag der
Freiheit anbricht, wenn es den letzten Einsatz nicht versäumt.»
(252)

In diesem Rahmen schilderte er das Schicksal des Judentums seit
den Tagen des Perserkönigs Artaxerxes I., der im Jahre 458 v. Chr.
die jüdische Theokratie und deren Grundlage, die Thora, vollstän-
dig anerkannt hatte. Konzentriert auf die wichtigsten Entwicklungen und Vorgänge rief er die nur noch wenig bekannten Gesche-
hensketten in Erinnerung: die Auseinandersetzungen altgläubiger
Kräfte mit einem hellenisierten Reformjudentum, den Wandel der

seleukidischen Politik unter Antiochos IV., die Verfolgung der gesetzestreuen Juden: «Durch königlichen Erlaß wurden die mosaischen Opfer im Heiligtum, die Beschneidung, Sabbate und Feste verboten, ... Verbrennung und Vernichtung der Thora in allen ihren Exemplaren auferlegt. Dazu kam die Schändung des Heiligtums ...» (255).

«Die Verfolgung, begonnen im Dezember 167, rief die ganzen Kräfte des Widerstandes wach, die ‹Frommen im Lande› erhoben sich wider Vergewaltigung und Tyrannei, ein Held stand auf und griff zu den Waffen, Judas Makkabäus, ‹der Hämmerer›, und leitete den ersten großen Kampf für die Gewissensfreiheit, den er nach wenigen Jahren siegreich beendet hat, ein erstes, denkwürdiges und unvergessenes Beispiel für die Jahrtausende.» (256)

Gestützt auf die klassische Darstellung des jüdischen Gelehrten Elias Bickermann[18] wurden dann die weiteren Einzelheiten beschrieben. In einer erregenden Schlußpassage warf Graf Stauffenberg danach die elementare Frage nach dem «weltgeschichtlichen Sinn» des Makkabäerkampfes auf: Ein Untergang der Makkabäer hätte nach ihm zugleich den Untergang des Judentums bedeutet.

«Mit ihm aber wäre der kostbarste Schatz, den in der damaligen Welt allein das Judentum verwaltet, das Licht des Monotheismus wäre erloschen. Nährboden und Wurzelgrund, aus dem künftig zwei Weltreligionen erwachsen sind, wären vernichtet gewesen; unvorstellbar, welchen Weg die Weltgeschichte genommen hätte, denn Christentum und Islam wären nie erstanden. Dies also wäre der geschilderten Taten wahrhaft überzeitlicher Gehalt.» (258 f.)

Pathetisch aber wird angeschlossen: «Wir werden unser Erbe wahren und mehren und mit dem, wofür wir stehen, überdauern, wenn etwas von jenem sieghaftem Geiste in uns oder mit uns lebt, der bereit ist, den letzten Einsatz zu wagen: Geist vom Geiste der Makkabäer.» (259)

5. Dichtung

Tragödie und Staat im werdenden Athen   Der Vortrag, den Graf Stauffenberg im Frühjahr 1944 in Athen hielt,[19] überrascht in mehrfacher Hinsicht: Es geht in ihm nicht um heldische Vorbilder, nicht um spartanische Ideale oder um die Überwindung der Katastrophen eines großen Krieges, sondern um Kultur, Politik und Dichtung des 6. Jahrhunderts v. Chr.

Er setzt mit einer rhetorisch effektvollen Konfrontation des Schreckens einer undurchsichtigen Gegenwart und einer ungewissen Zukunft mit einer «Welt der Geschichte, in der die feste Rangordnung der Dinge noch nicht in Auflösung geraten war» (41), ein und verbindet dieses Ziel mit dem Preis Athens, «dieser ältesten geistbehausten Stadt des Abendlandes ... weil hier in Athen die Tat nicht ohne den Geist geschah.» (41) Sein großes Exempel ist dabei die Geburt der attischen Tragödie im 6. Jahrhundert v. Chr.

Eine Skizze der Sozial- und Wirtschaftsstruktur des frühen Athens und des Wirkens der großen Politiker Solon und Peisistratos bildet den Auftakt der historischen Betrachtung. Sie gipfelt in der «geistigen Herrschaft» des Peisistratos, seiner Gründung der Panathenäen mit ihrem rhapsodischen Vortrag der Homerischen Epen, aber auch mit der Einführung eines neuen Kultes, der vor allem von den Unterschichten getragen wurde, des Kultes des Dionysos. Damit ist ein erster Schwerpunkt der Ausführungen erreicht: «Diesem ländlichen Weingott des Rausches, des Wachsens und Gedeihens hat Peisistratos die großen Dionysien gestiftet, und unter seiner Herrschaft hat Thespis aus Ikaria im Jahre 534 die erste Tragödie aufgeführt.» (43 f.)

Es folgen Seitenblicke auf die parallelen Entwicklungen in den Dorierstädten Korinth und Sikyon, wobei vor allem das Wirken des Periander in Korinth hervorgehoben wird. Auch dieser setzte sich primär für das bedrohte Bauerntum und dessen Dionysoskult ein. In diesem Zusammenhang gibt Stauffenberg noch einmal ein plastisches Bild der Eigenart von Gott und Kult: «Dessen wild wachsende, an Wald, Flur und Weingelände gebundene Begehungen mit ihren ekstatischen und burlesken Ausartungen hat Periander in Zucht genommen und zum Staatskult erhöht.» (45)

Damit verbunden war zugleich die Schlüsselstellung eines priesterlichen Sängers, des Kitharöden Arion aus Lesbos, der auch das «Kultlied» des Gottes, den Dionysos-Dithyrambos, schuf. Nach Aristoteles aber lag in Satyrwesen und Dithyrambos die Wurzel der Tragödie.

In die Besprechung weiterer Einzelheiten der Entwicklung wurden dann Pindars berühmte Dithyramben eingefügt:

«O du hellglänzendes, veilchenbekränztes, gesängereiches, Pfeiler von Hellas, berühmtes Athen, dämonische Feste.» (46)

Aus den weiteren Etappen der Entwicklung sei insbesondere die ausführliche Erörterung von Phrynichos' Tragödie «Der Fall Milets» aus dem Jahre 493 v. Chr. hervorgehoben, deren politische Implikationen und Folgen zu den schwersten innenpolitischen Reaktionen führten. Eine eindrucksvolle Zusammenfassung der frühen Ansätze und Ereignisse mündet dann in ein geradezu dichterisch gestaltetes Gesamtbild: «Großes war mit der Stufe der archaischen Tragödie erreicht, um sie aber zu dem zu wandeln, was sie werden sollte – nicht nur Wiedergabe des Lebensabglanzes, lyrische Ergießung, die den Eindruck schon gelebten Lebens, die Erregung schon vollendeter Verhängnisse stimmungsmäßig einfängt, sondern Verkörperung des Lebens selbst, Darstellung erhöhten Daseins, das in schicksalhaften Erschütterungen gipfelt –, dazu mußte noch ein Größerer kommen, … der Eleusinier Aischylos.» (53)

Der letzte Teil des Vortrags zeichnet dann in kenntnisreicher Dichte Leben und Werk des Aischylos nach (53–61). Der Schluß ist sehr knapp formuliert. Danach sollte in Stauffenbergs Ausführungen deutlich werden, «wie Staat und Tragödie in der Zeit, da das klassische Athen im Werden war, einander, fürstliche Geschenke tauschend, wechselweise erhoben haben.» (61)

Stauffenbergs Athener Kriegsvortrag, seine letzte öffentliche Äußerung im II. Weltkrieg, wenige Monate vor seiner Einweisung in die «Sippenhaft» konzipiert, stellt gewiß eine seiner persönlichsten wissenschaftlichen Vermittlungen aus seinem althistorischen Spezialgebiet dar. Seine subtilen Formulierungen gleichen einer bewußt gehobenen Kunstprosa. Doch was noch wichtiger ist: der tief durchdachte Inhalt wurde gleichsam aus dem Herzen geschrieben und spiegelte in aller Schärfe die Prioritäten seiner persönlichen Welt wider.

Vergil und der augusteische Staat   Graf Stauffenbergs Vergil-Studie ist seine einzige tiefere Interpretation eines großen römischen Dichters, gleichsam ein Pendant zu seiner Arbeit über Tragödie und Staat im werdenden Athen. Ihre Bedeutung zeigt sich schon darin, daß sie Wilhelm Weber, Stauffenbergs Doktorvater und effizientem Förderer, zu dessen 60. Geburtstag gewidmet war – Weber, der sich erst kurz zuvor mit einer sehr persönlichen Augustus-Würdigung exponiert hatte.[20]

Stauffenbergs Beitrag war zuerst am 23. Februar 1941 im Verein der Würzburger Freunde der Antike vorgetragen und danach in Die Welt als Geschichte 9, 1943, 5–67, und in «Dichtung und Staat in der antiken Welt» (München 1948), 5–26, sowie in der von Siegfried Lauffer herausgegebenen Sammlung «Macht und Geist» (München 1972), 260–279, veröffentlicht worden. Nach der zuletzt genannten Version wird hier zitiert.[21]

Stauffenbergs Einleitung ist charakteristisch für sein Geschichtsbild: Zu den «schöpferischen Tätern Europas» (260) zählt er einzig Alexander den Großen, Caesar und Napoleon; Augustus ist dagegen lediglich einer von deren «Erben», ein «Täter minderer Fülle und Allseitigkeit, aber ähnlicher Wirkung und nicht viel geringeren Ranges» (261).

Dabei stellt der Autor Augustus' staatlich-öffentliches Wirken zurück; er konzentriert sich lediglich darauf, «sein Bildnis in jenem Strahlenrahmen zu beschwören …, wie es Kunst und Dichtung seiner Zeit von ihm entworfen haben, Augustus als Kraftspender im geistigen Schaffen einer ganzen Generation, als Erwecker neuer dichterischer Möglichkeiten, Verkünder einer neuen Botschaft fast religiöser Art und als Sendboten einer Erfüllung für die Sehnsucht einer ganzen Welt.» (261 f.)

Nach einer knappen Skizze der frühen Beziehungen Vergils zu Octavian geht Stauffenberg auf dessen 1. und 9. Ekloge näher ein, die ganz in hellenistischer Tradition den Wohltäter feierten. Weitaus größere Bedeutung wird zu Recht der berühmten 4. Ekloge zuerkannt, die das Nahen eines goldenen Zeitalters pries. Der Verfasser zögert in diesem Zusammenhang nicht, seine ganz persönliche Interpretation dieses Gedichtes offenzulegen, wonach die für das Jahr 40 v. Chr. angekündigte Geburt eines Kindes symbolisch als «Verkörperung der aurea aetas» (268) zu verstehen wäre.

Die Nähe Vergils zu Augustus wird schließlich darin manifest, daß dieser Augustus auf dessen Weg nach Rom im Jahre 29 v. Chr. in Kampanien gemeinsam mit Maecenas die inzwischen fertiggestellten Georgica vortrug. In den Mittelpunkt der Betrachtung rückt danach Vergils Aeneis, «die größte Schöpfung der Zeit» (271). In ihr verband bekanntlich «ein geheimes Band der Heilsgeschichte die Ursprünge Roms mit dem krönenden Abschluß seines Schicksals, das ein goldenes Weltalter der Erfüllung inauguriert.» (271) Besonders eindringlich geht Graf Stauffenberg sodann auf das 6. Buch der Aeneis, «den großen Unterweltsgesang» (272), ein, in dem er die Brücke zwischen Romulus und Augustus errichtet sieht (Aen. VI, 789–795). Die große «Heldenschau» aber mündet schließlich in die eindrucksvolle Rechtfertigung des römischen Imperiums, mit Stauffenbergs eigenen Worten:

«Zärtlicher mögen andre die atmenden Erze gestalten, Meine ich wohl, und dem Marmor lebendige Mienen entnehmen, Bessere Redner werden sie sein und die Bahnen des Himmels Deuten mit ihrem Stab und die steigenden Sterne verkünden: RÖMER, DU SEI GEDENK, DER VÖLKER DURCH HERRSCHAFT ZU WALTEN – DEINE KÜN-

STE SIND DIESE –, GESITTUNG DEM FRIEDEN ZU SETZEN, ZU SCHONEN DIE UNTERWORFNEN UND NIEDERZUZWINGEN DIE FREVLER.» (Vergil, Aeneis VI, 847–853)

Die Auffassung, daß Römische Geschichte bei Vergil als «Heilsgeschichte» zu verstehen sei, durchzieht auch die folgenden Passagen von Stauffenbergs Überlegungen, in denen er sowohl auf die «Schildbeschreibung» des VIII. Buches der Aeneis eingeht als auch einen tiefen Vergleich zwischen griechischer und römischer Dichtung durchführt.

Die Schlußworte aber lauten: «Wie immer sich Idee und Wirklichkeit hier mischen mögen: die Lehre, daß das Imperium nur besteht, insofern es Gerechtigkeit verkörpert, hat in dieser eminent klassischen Zeit der römischen Geschichte gegolten, und die zeitgenössische Welt, und nicht nur die römische, hat an sie geglaubt. Es war die Lehre Vergils als ihres Propheten und das Wunschbild der augusteischen Weltherrschaft.» (279)

VIII EPILOG

1. Der Aristokrat

Die Kollegen und Freunde, die ihm begegneten, und die vielen Menschen, die ihn erlebten, sahen in Alexander Schenk Graf von Stauffenberg in erster Linie den beeindruckenden Aristokraten. Sein Erscheinungsbild, sein Wesen und sein Charakter entsprachen dem Idealbild eines schwäbischen Grafen, der zwar seine Herkunft, Familientradition und Stellung nie verleugnete, aber auch nie durch Arroganz diskreditierte.

Damit verbunden war der Eindruck der Selbstsicherheit, der jedoch darüber hinwegtäuschte, daß sich in diesem Menschen höchste geistige Ansprüche sowohl im musischen Bereich als auch in seinem wissenschaftlichen Beruf mit dem Bewußtsein des Ungenügens und der eigenen Grenzen verbunden hatten. Damit nahm Graf Stauffenberg eine Sonderstellung in seiner jeweiligen Umgebung ein, die distanzierend wirken konnte. Jedes Gesamtbild seiner Person erfordert jedoch die adäquate Berücksichtigung der Phasen seiner Entwicklung und seiner Existenz.

Für Stauffenbergs Jugend war zunächst die tiefe Beeinflussung durch Literatur und speziell durch Dichtung entscheidend. Diese Prädisposition führte gleichsam mit innerer Notwendigkeit zum Georgekreis und damit zu einem Idol, das sein ganzes Leben, über den «Tod des Meisters» hinaus, in Werten wie in Formen durch-

Abb. 14 *Alexander von Stauffenberg anläßlich einer Feier der Wilhelm-Esch-Stiftung für die Kommission für Alte Geschichte und Epigraphik*

dringen sollte. Ein eindeutiges Studien- und Berufsziel besaß Graf Stauffenberg zunächst jedoch nicht. Hier sollte die Begegnung mit dem Tübinger Althistoriker Wilhelm Weber und dessen Schülern entscheidend werden. Doch ob sich diese klassische, strenge, aber auch weithin konventionelle Disziplin auf die Dauer und mit Erfolg mit Georges Wesen und Stil zu einer fruchtbaren Symbiose vereinigen ließ, war von Anfang an keineswegs sicher.

Es darf dabei nicht übersehen werden, daß Alexander in den zwanziger und dreißiger Jahren in militärischen und nationalen Formationen Dienst leistete, dies allerdings nicht mit jener Passion und Ausschließlichkeit wie sein jüngerer Bruder Claus, der «Täter». Immerhin sollte diese Entwicklungslinie dann im II. Weltkrieg bis zur Funktion eines Artillerieoberleutnants führen, der sich an der Ostfront zu bewähren hatte, wiederholt verwundet wurde und mit seiner Einheit besonders eng verbunden war.

Glück brachte ihm die Zeit zwischen der Mitte der dreißiger und der vierziger Jahre in seiner Ehe mit Melitta Gräfin Stauffenberg, der Mathematikerin und Physikerin, vor allem aber Sturzkampffliegerin bei den Erprobungsstätten der Luftwaffe.

Um so tiefer war Graf Stauffenbergs Depression nach Kriegsende, als er sich in Überlingen einer kleinen Gruppe von Georgeanern und Eingeweihten in die Verschwörung anschließen konnte. Seine Versuche, die persönlichen Katastrophen durch Gedenkdichtungen und eine historische Darstellung der Widerstandsbewegung zu überwinden, scheiterten. Er muß oft der Verzweiflung nahe gewesen sein, bis er schließlich den Ruf auf den althistorischen Lehrstuhl der Universität München erhielt. Damit begann seine letzte, vielfältigste Lebensphase (1948–1964), in der er neben den Anforderungen seiner Lehrtätigkeit und seiner universitären Pflichten es nicht scheute, sich auch politisch zu engagieren. Getreu seiner eigenen Erfahrungen trat er politischen Fehlentwicklungen entgegen und setzte sich ebenso für die Europa-Union wie für das Kuratorium Unteilbares Deutschland ein. – Ein Höhepunkt in diesem Felde war sein Kampf für die Synchronoptische Weltgeschichte und sein Aufdecken der gegen diese gerichteten politischen Machenschaften.

Daß er mit all dem bei vielen Kollegen nur Unverständnis erntete, irritierte ihn nicht. Graf Stauffenberg war weder Wissenschaftspolitiker noch Wissenschaftsorganisator. Gleichwohl setzte er, unter Mithilfe von wenigen Mitstreitern, in unermüdlichen Verhandlungen 1951 die Gründung der Kommission für Alte Geschichte und Epigraphik zur Stimulierung althistorischer Forschungsprojekte wie zur Förderung des althistorischen Nachwuchses, vor allem in den Spezialbereichen wie Epigraphik und Numismatik durch. Wie das Verzeichnis von Stauffenbergs Doktoranden belegt, ließ er diesen bei der Themenwahl völlige Freiheit. Eine eng verbundene Schule zu gründen, lag ihm fern. Dafür waren auch Methoden und Ziele seiner damaligen wissenschaftlichen Aktivitäten zu anspruchsvoll. In der Stunde des Abschieds wurde dann deutlich, wie sehr Graf Stauffenberg im Rahmen der deutschen Althistorie eine Sonderstellung eingenommen hatte, eine Position, welche durch ihr so persönliches Profil keine Kontinuität bewirken konnte.

*

Von den Menschen, die Alexander Stauffenberg während seiner letzten Lebensjahrzehnte am nächsten standen, ist an erster Stelle seine zweite Frau Marlene Schenk Gräfin von Stauffenberg, geb. Hoffmann (10.7.1913, † 31.8.2001) hervorzuheben. Ich bin Stauffenbergs Tochter, Frau Dr. Gudula Knerr-Stauffenberg, und Graf Stauffenbergs Mitarbeiter, Herrn Dr. Hans Kaletsch (Regensburg), sehr dankbar dafür, daß sie mir die folgenden Informationen zur Verfügung gestellt haben:

«Marlene stammte aus einem evangelischen Pfarrhaus in Großopperhausen bei Friedendorf und besuchte die Schule in Kassel. Durch ihre Geschichtslehrerin Emmy Cremer kam sie 1933 zum Georgekreis. Von 1938 an lebte sie im Hause Wolters-Thiersch in

Abb. 15   Marlene und Alexander von Stauffenberg

Überlingen am Bodensee, der neuen Mitte des Georgekreises. Dort trafen sich die Freunde, auch die Grafen Stauffenberg, um Rudolf Fahrner zum Dichten und Lesen, vor allem aber zum Übersetzen europäischer Weltliteratur. In der Gold- und Silberschmiede der Hausherrin Gemma Wolters-Thiersch wirkten viele begabte junge Frauen mit am Entstehen von kostbarem Schmuck und Emailkunstwerken. Marlene nahm an all diesen Aktivitäten Anteil.

Anfang Juli 1944 hatte sie den aus Berlin überbrachten «Schwur» der Verschwörer an einem sicheren Ort in einem Alpental am Dachsteingebirge verborgen (das einzige erhaltene Exemplar). Den sogenannten «Schwur» hatte Claus Stauffenberg gewünscht, um während der absehbaren Besetzung Deutschlands durch die Alliierten einen gewissen Zusammenhalt unter den Nächststehenden der Erhebung zu sichern.

1948 folgte Marlene Alexander Graf Stauffenberg nach München, nachdem dieser auf den althistorischen Lehrstuhl der Universität berufen worden war. Nach ihrer Hochzeit 1949 bewohnten beide ein ... Anwesen am Ufer des Ammersees bei Herrsching. 1954 zog die Familie mit zwei Töchtern dann nach München-Schwabing. Zugleich fanden sie einen Feriensitz in Hemhof im Chiemgau.

Alexander Schenk Graf von Stauffenberg starb an einem Bronchialkarzinom. Im Herbst 1963 trat plötzlich ein weitgehender Stimmverlust ein (bald nach Auslieferung seines Werkes «Trinakria»). ... Seine Lehrtätigkeit konnte Graf Stauffenberg im Wintersemester 1963/64 nicht mehr wahrnehmen. Er empfing noch Studenten und Besucher zuhause. Nachdem sich sein Gesundheitszustand rapide verschlechterte, starb er am 27. Januar 1964.

Graf Stauffenberg ist auf dem Kirchhügel Stephanskirchen bei Hemhof (bei Bad Endorf) begraben, ... der Chiemgau war ihm zur zweiten Heimat geworden.

Nach Alexanders Tod 1964 zog sich Marlene dorthin zurück. Sie blieb befreundet mit den Universitätskollegen und hatte glücklichen Anteil an den Familien ihrer Töchter. Am 31. August 2001

Abb. 16   Marlene von Stauffenberg, 1962

starb sie in Prien am Chiemsee und wurde ... neben Alexander begraben.»

2. Der Dichter und Übersetzer

Aus den Erinnerungen von Theodor Pfizer, des Klassenkameraden der Zwillinge im Stuttgarter Eberhard-Ludwigs-Gymnasium, geht hervor, daß sich die Stauffenberg-Brüder schon in jenen Jahren in Gedichten versuchten, von denen diejenigen von Alexander die mit Abstand wirkungsvollsten waren. Offensichtlich lebte er seit jener Zeit in Gedichten, wobei ein direkter Weg von Hölderlin zu George führte.

Mit seinem «Meister» hat er nicht nur Gedichte ausgetauscht, sondern wurde auch tief von dessen Stil, Ausdrucksweise und Begrifflichkeit beeinflußt und durchdrungen [...] Dichtung und Übersetzung hat sich Alexander Stauffenberg jedoch sein Leben lang, vor allem in seinen Lebenskrisen zugewandt und sie in dichterischer Form zu überwinden gesucht.

Von den Zeugnissen dieser Art, die zum Teil schon früher erwähnt wurden, ist wahrscheinlich das im Jahre 1945 abgeschlossene, einst zum 10. Jahrestag des Todes von George gestaltete Werk «Der Tod des Meisters» das bedeutsamste. Nicht weniger stark wirken die Verse auf die Opfer des 20. Juli 1944 und auf seine Frau, «Litta».

Gleichzeitig nahm die Intensität seiner Übersetzungen zu. Wohl kein anderer deutscher Althistoriker seiner Generation hat sich so entschieden und intensiv damit befaßt, die Meisterwerke vor allem frühgriechischer Dichtung zu übertragen.

Dabei dominierten von Anfang an die Interdependenzen zwischen Dichtung und Politik, die auch in seinen historischen Spezialstudien immer wieder von neuem begegnen. Nach einem mit Freunden unternommenen Versuch, gemeinsam Homers Gesänge zu übertragen, der offensichtlich nicht abgeschlossen wurde, erschien als erste gedruckte Übersetzung im Jahre 1947 Aischylos'

Agamemnon, in der Stauffenberg auch ganz kurz die Grundsätze seiner Übertragung skizzierte.

In der Mitte der fünfziger Jahre setzten dann seine Bemühungen um Pindar ein, die ein Generalthema seiner Aktivitäten bleiben sollten. Im Mittelpunkt standen dabei die Siegeslieder für die sizilischen Tyrannen. Nach «Pindar und Sizilien. Zu O. I., II., III. Frgg. 129, 131, 133, 137 Schröder», Historisches Jahrbuch 74, 1955, 12–25, folgte zwei Jahre später die Übertragung der drei ersten Olympischen Oden in der Boehringer-Festschrift. Sie wurden dann auch, zusammen mit Übersetzungen der Pythischen Oden VI–VII, in der von U. Hölscher herausgegebenen Sammlung: «Pindar, Siegeslieder» (Frankfurt 1962), 7 ff.; 47 ff.; 76 ff., publiziert, der Gesamtkomplex danach noch einmal zusammenfassend in «Trinakria» (München 1963) integriert. Am Ende von Graf Stauffenbergs dichterischen Bemühungen steht schließlich die kleine nur in wenigen Exemplaren gedruckte Sammlung «Denkmal», die postum von Rudolf Fahrner herausgegeben wurde. Der Editor, der Alexander so nahestand, hatte die Drucklegung gemeinsam mit dem Dichter vorbereitet, eine Sammlung, welche in die Abschnitte «Das Buch der Toten – Auf der Walstatt – Die Erhebung – Vorabend – Im Gefängnis – Ballade – Ein Traum von neuem Leben» gegliedert war.

Fahrner werden daneben auch wichtigste Informationen und Würdigungen von Graf Stauffenbergs Dichtungen verdankt, mit denen dieser kurze Überblick abgeschlossen sei:

«Er hatte die fähigkeit zu archaischer tonhöhe. zu einem naturgegebenen pathos. Ohne diese gabe hätten agamemnon-chöre und die gesänge der Kassandra nicht so durch ihn erwachen können. Ohne sie hätte er nicht den ton für seine damals begonnenen kaisergesänge gefunden. Er plante ihrer neun. die gestalten der grossen kaisergeschlechter heraufzurufen. und dieser innig gehegte plan begleitete ihn bis zu seinem tode. Drei dieser gesänge – sie feiern die Ottonen – hat er damals gedichtet. Die von ihm geschauten kaisergebärden sind in sie eingegangen.

Ohne diese gabe hätten auch nicht in eben den jahren die dichtungen dieses Denkmals gelingen können. in denen er zeugnis von
den toten gebend zugleich sich selbst bezeugt. Es erscheint als etwas.
das so sein sollte: daß die brüder ihn. den glühendsten hasser des
niedrigen und gemeinen. gegen das sie aufstanden. nicht in das tat-
geschehen hineinzogen und ihn dadurch bewahrten. so dass diese
dichterische kunde entstehen konnte.» (58 f.)

Alexander Stauffenbergs Tochter, Frau Dr. Gudula Knerr-Stauffenberg, kommt das große Verdienst zu, anläßlich des 100. Geburts-
tages ihres Vaters in einem ästhetisch besonders ansprechenden
kleinen Privatdruck die drei erhaltenen «Kaisergesänge» auf die
Sachsenkaiser veröffentlicht zu haben (Prien 2005). Der Gedenk-
band erschließt damit noch einmal die Dimensionen von Stauffenbergs universalhistorischem Geschichtsbild wie den Primat der
Dichtung in seiner geistigen Existenz.

3. Der Althistoriker

Die Eigenart des wissenschaftlichen Wirkens von Alexander Schenk Graf von Stauffenberg dürfte dann am deutlichsten
werden, wenn von seinen Aktivitäten in den traditionellen Bereichen der Lehre und Forschung ausgegangen wird. Wiederholungen
schon früher erwähnter Einzelheiten sind dabei unumgänglich. Bei
der Beurteilung seiner Lehrtätigkeit ist hervorzuheben, daß er sich
um eine besonders anspruchsvolle und zugleich sehr persönliche
Vermittlung der Alten Geschichte bemühte. Den Anforderungen
seines universalhistorischen Geschichtsbildes wie des aktuellen
Forschungsstandes zu genügen, erforderte dabei einen sehr intensi-
ven Einsatz. Dies galt insbesondere nach den längeren Unterbre-
chungen seiner frühen Lehrerfahrungen in den vierziger Jahren für
seinen Neuanfang in München. Dabei bekannte er ganz offen seine
Wissenslücken, gab sich jedoch die größte Mühe, sie zu schließen.
Seine systematisch angelegten Vorlesungen beschränkten sich da-

bei nicht auf die Vermittlung eines elementaren Schulwissens in der Griechischen und Römischen Geschichte; sie bezogen vielmehr bewußt die Epochen des Alten Orients und des Nahen Ostens bis in die Spätantike und die Byzantinische Geschichte mit ein.

Der persönlichen Stoffwahl entsprach die sprachliche Gestaltung. Ungeachtet des Wandels im modischen Stilideal der Nachkriegszeit blieb er aus tiefer Überzeugung seinem George-Ideal treu und nahm dabei kompromißlos in Kauf, daß seine Ausdrucksweise geradezu esoterisch und antiquiert erschien. Inhalt wie Form seiner Lektionen galten demgemäß als besonders schwierig. Eine besondere Anziehungskraft konnten sie daher nicht erzielen.

Ungewöhnlich vielfältig und differenziert waren auch die Themen seiner Seminare und Übungen, wobei Stauffenberg insbesondere auf eine effiziente Zusammenarbeit mit Spezialisten der Sprachwissenschaften und anderer Grunddisziplinen großen Wert legte. Auch damit sprach er insbesondere die Gruppen der Fortgeschrittenen an. Insgesamt gesehen ist Graf Stauffenbergs Lehrveranstaltungen deren hohe Qualität nicht abzusprechen, jedoch einzuräumen, daß sie für die elementaren Bedürfnisse der überfüllten Massenuniversität jener Jahre nur wenig attraktiv erschienen.

Für den Bereich seiner Forschungen galt ähnliches – auch auf diesem Feld war und blieb er ein dezidierter Außenseiter, der auf die Methoden und Prioritäten seiner Gegenwart keine Rücksicht nahm. Traditionelle Quellenanalysen und Kommentare lagen ihm nach seiner Dissertation ebenso fern wie die Ansätze zu interdisziplinärer Großforschung im Stile von Joseph Vogt (Sklaverei) und Hans Schaefer (Griechische Kolonisation). Sozial- und Wirtschaftsgeschichte berührte ihn ebensowenig wie Ideologiekritik.

So blieb er sich auf seinem einmal gewählten intellektuellen Weg treu und versuchte, wie am eindrucksvollsten das Spätwerk «Trinakria» zeigt, innerhalb geistesgeschichtlicher Perspektiven vor allem die Zusammenhänge zwischen Dichtung, Kunst und Politik aufzuzeigen und nicht durch rationale Analyse, sondern gewissermaßen durch Einfühlung das Wesen einer Epoche und ihrer Entwicklung zu klären.

4. Was bleibt?

Der Versuch, auch nur ein skizzenhaftes Portrait «des anderen Stauffenberg» zu schaffen, läßt vor allem eines deutlich werden: unsere fragmentarischen Kenntnisse über das Leben einer hochkomplexen Persönlichkeit. Wesen, Leistung und Bedeutung Alexander Schenk Graf von Stauffenbergs zu würdigen und zu werten, ist auf dieser Grundlage gewiß nicht abschließend möglich. Dies gilt um so mehr, als es ein Grundzug dieses Mannes war, Distanz selbst gegenüber vertrauten Kollegen, Mitarbeitern und Freunden zu wahren. So blieb der Kern seines Wesens und Erlebens vor Außenstehenden verborgen; aus seinem Privatleben sind nur wenige Einzelheiten bekannt, über seine Beziehung zu George etwa schwieg er ihnen gegenüber ebenso wie über seine Ehen.

Was also bleibt? Es bleibt das Bild eines Menschen, der zutiefst aus seinem Gefühl lebte und versuchte, seine Existenz nicht in verschiedene Sphären des Daseins zergliedern zu lassen. Diese avantgardistische Bereitschaft, ein Leben in Einheitlichkeit und Ganzheitlichkeit zu führen, wurde durch die Begegnung mit George vorangetrieben. Hier klärten sich die Determinanten des Lebensweges Alexander von Stauffenbergs – zu ihnen gehörte die Treue zum soldatischen Pflichtenkanon ebenso wie die Ablehnung dumpf nationalistischen Ungeistes, zu ihnen gehörte ebenso die Liebe zur durchgeistigten Schönheit des Griechentums wie der Widerwille gegen jenen Positivismus, der die Wissenschaft an der Schwelle vom 19. zum 20. Jahrhundert zu durchdringen begann. Die schönste Antwort des Lebens auf das gelegentlich himmelstürmerisch anmutende Schwärmen des Grafen waren die Begegnung und die Ehe mit Melitta Schiller, deren bis in Grenzerfahrungen zwischen Himmel und Erde ausgelebte Berufung zur passionierten Fliegerin ihre Faszination auf Alexander von Stauffenberg nicht verfehlte. Die dunkelste Phase im Leben Alexander von Stauffenbergs begann mit dem gescheiterten Attentat auf Hitler und den tödlichen Konsequenzen, die es für seine Brüder nach sich zog. Diese Erfahrung lastete um so schwerer auf dem Überlebenden, als sich nach dem Krieg die Auffassung verbreitete, Claus und Berthold von Stauffenberg hätten die Verantwortung nicht mit ihrem Bruder teilen wollen, weil sie fürchteten, er könnte in seiner Neigung zum Überschwang sich, die Aktion und die «Täter» gefährden. Es kann gewiß kein Außenstehender nachempfinden, wie groß der Schmerz für Alexander von Stauffenberg gewesen sein muß, als ihm dies bewußt wurde – ihm, der nicht nur seine Brüder, sondern auch noch kurz vor Kriegsende seine Frau Melitta unter tragischen Umständen verloren hatte und schließlich als gebrochener Mann aus der Sippenhaft in verschiedenen Konzentrationslagern gekommen war.

Doch zeigt sich die Größe seiner Persönlichkeit darin, daß er nach den Jahren der Selbstzweifel und der Depression seinen Weg wieder aufnahm – diesmal als kritischer und unbequemer Mahner angesichts bedenklicher Züge des Zeitgeistes. Gestärkt durch die Ehe mit Marlene Hoffmann, die ebenso wie er durch das Kraftfeld des Georgekreises geprägt war, führte er seine altertumswissenschaftlichen Arbeiten im nämlichen Geiste fort, der freilich den aktuellen Erkenntnisinteressen der Fachwissenschaft wenig entgegenkam. Hatte Alexander von Stauffenberg vor dem Krieg wegen seiner avantgardistischen Lebensauffassung eine Außenseiterstellung inne, in der er stellvertretend für das Lebensgefühl einer im Aufbruch begriffenen Generation erscheint, so wurde er, nachdem diese Generation auf den Schlachtfeldern, in den Lagern und im Exil ihre beste Kraft gelassen hatte, neuerlich zum Außenseiter, da sich seine Bestrebungen nicht mehr mit den Vorstellungen zeitgemäßer Wissenschaftlichkeit deckten. So gehört es zur Tragik Alexander von Stauffenbergs, stets auf einem Weg gewesen zu sein, der ihn nicht zur Vollendung führte – sei es als Held, sei es als Historiker. Doch auch darin ist er ein Vertreter seiner Generation – und in dieser

Gebrochenheit erscheint er und erscheint sein Werk heute wieder modern.

Was also bleibt? Gewiß schwindet die Erinnerung an diese charaktervolle Persönlichkeit. Doch manch einer, der sich ernsthaft um ein vertieftes Verständnis Pindars bemüht, wird auch künftig auf die Arbeiten Alexander von Stauffenbergs aufmerksam werden, und so soll diese Untersuchung auch mit einem Wort seines antiken Lieblingsdichters abgeschlossen werden:

> *Tageswesen! Was ist Sein? Was Nichtsein?*
> *Eines Schattens Traum ist der Mensch.*
> *Aber wenn gottgeschenkter Glanz kommt*
> *Liegt helles Licht auf den Männern und freundliche*
> *Lebenszeit.**

---

*   (8. Pythie, 95–97, aus: Pindars Siegeslieder, übersetzt von Uvo Hölscher, herausgegeben von Thomas Poiss, München 2002)

IX EIN GESPRÄCH MIT
FRAU DR. GUDULA KNERR-STAUFFENBERG*

Mehr als vierzig Jahre sind seit dem Tod Ihres allzu früh verstorbenen Vaters vergangen. Welches sind Ihre ersten Erinnerungen?
KNERR-STAUFFENBERG: Er ist mir ein Leben lang ganz, ganz lebendig geblieben. Dabei steht im Vordergrund der auf seine Art so besonders aussehende, sehr liebenswürdige, sehr vertrauenerweckende Mann, den ich als Vierjährige zum ersten Mal mit Bewußtsein erlebt habe. Ich bin ihm auf einem Gartenweg entgegengelaufen. Man hatte mir gesagt, der Vater kommt. Ich konnte mir die ganze Situation gar nicht vorstellen. Wir blieben beide einen Moment stehen, und dann kniete er sich hin und nahm mich in seine Arme – in ganz unglaubliche Arme, in starke und sehr gefühlvolle Arme –, und ich legte meinen Kopf an seinen Hals und sagte: «Gell, du stirbst noch nicht so schnell?» Darauf sagte er: «Nein, sicher nicht.» Dann gingen wir Hand in Hand hinein. So ist sein Bild eigentlich ein Leben lang für mich geblieben, auch wenn der Verzicht oder die Trauer, daß er nicht mehr lebt, dieses Bild gelegentlich ein wenig verstellt.

---

* Das im folgenden wiedergegebene Gespräch mit der Tochter von Marlene und Alexander von Stauffenberg fand am 31. Oktober 2007 im Verlag C. H. Beck in München statt. Die Fragen stellte in Abstimmung mit dem Verfasser Dr. Stefan von der Lahr, Lektor im Verlag C. H. Beck.

Durch Ihre Beschreibung entsteht in mir das Bild eines warmherzigen, zugewandten Menschen.

KNERR-STAUFFENBERG: Ja, er war ausgesprochen warmherzig, feinfühlig, aufmerksam, voller Anteilnahme, voller Interesse für den, dem er begegnete. Sicherlich war da ein Unterschied in der Zuwendung – je nachdem, ob es sich dabei um einen Freund, ein Familienmitglied oder einen Außenstehenden handelte.

Nun haben Sie eine Differenzierung vorgenommen, die mir Anlaß gibt nachzufragen, ob es zwei verschiedene Charakterbilder in der Wahrnehmung Alexander von Stauffenbergs gab? Kann es sein, daß es deutliche Differenzen in dieser Wahrnehmung gab – hier im vertrauten Kreis, so wie ihn die Familie wahrnahm, dort in der Außenwahrnehmung und der Fremdwahrnehmung?

KNERR-STAUFFENBERG: Nein, nicht in der Substanz, wobei es eine ganz natürliche Unterscheidung gibt im Umgang mit dem vertrauten Menschen, dem er seine Liebe zeigen konnte, und dem anderen, dem er in anderen Zusammenhängen begegnete. Aber letztlich war sicher kein Unterschied in der Persönlichkeit.

Würden Sie ihn eher als einen auf Harmonie, Eintracht und Einverständnis angelegten Menschen beschreiben, oder zeigte er auch Züge zur Konfliktbereitschaft, Aspekte einer eher kämpferischen Natur?

KNERR-STAUFFENBERG: Ganz im Vordergrund stand sicher sein Bemühen um Harmonie, ja die Sehnsucht nach Harmonie und im Zusammenhang damit auch die große Fähigkeit, ausgleichend zu wirken. Doch war es fraglos so, daß – wenn ihm ein Konflikt zu lösen wichtig erschien – er sich nicht scheute, diesen Konflikt auch auszutragen, aber stets auf eine noble, den anderen in seinen Fähigkeiten anerkennende Art.

Aus den Quellen, Dokumenten, literarischen Zeugnissen und Aussagen jener, die Alexander von Stauffenberg kannten, entsteht das Bild eines sensiblen Menschen, der mit großer Feinfühligkeit auf seine Umwelt reagierte. Hatten Sie den Eindruck, daß – insbeson-

dere vielleicht in den Münchner Jahren – diese Feingeistigkeit auch
ein Problem für Ihren Vater war?

KNERR-STAUFFENBERG: Ich denke, ja. Dieser Wesenszug gehörte
zu seiner Persönlichkeit von Anfang an – die Mutter schildert
den Buben so, die Freunde im Georgekreis und auch die Kollegen
nach dem Krieg haben ihn immer in dieser Empfindsamkeit
erlebt; doch hatte er wohl stets ganz eigene Möglichkeiten, sich
auch zu schützen.

Woran denken Sie, wenn Sie sagen, er hatte ganz eigene Möglich-
keiten, sich zu schützen?

KNERR-STAUFFENBERG: Vor allem an den Rückhalt in den Personen seiner Freunde. Aber auch an die Möglichkeit, über seine Art,
wie er forschte und lehrte, und die innere Freiheit, dabei ganz
eigen zu entscheiden. Das half ihm in den Schwierigkeiten, die
nach dem Krieg entstanden. Es waren dies die Gequältheit durch
ein ungeheures Schicksal wie auch der Umgang mit Kollegen, die
ja nun alle sehr, sehr anders gedacht und gehandelt hatten und
trotzdem ihr Feld sehr ausdrücklich verteidigten und in Anspruch
nahmen.

Denken Sie jetzt auch konkret an jemanden wie Helmut Berve?

KNERR-STAUFFENBERG: Das kann man sicherlich nicht außer
acht lassen, und um diese Problematik hat ja auch jeder gewußt.

Ihnen ist nicht bekannt, ob einmal zwischen Alexander von Stauf-
fenberg und Helmut Berve ein Gespräch über unterschiedliche Er-
fahrungen und Auffassungen stattgefunden hat?

KNERR-STAUFFENBERG: Dieses Gespräch sollte wohl geführt werden. Es sind mehrere Versuche unternommen worden, aber Alexander kam zu dem Schluß, daß das nicht auf der gegebenen Basis
gelingen konnte.

Sprach Ihr Vater gelegentlich zu Hause über dieses Problem mit
einem Mann, der im Dritten Reich der Exponent der nationalsozia-
listischen althistorischen Forschung gewesen war?

KNERR-STAUFFENBERG: Ja, er sprach davon, doch da ich damals

noch ein Kind war, erklärte man mir nicht, welchen Kummer dieser Name gelegentlich ausgelöst hat.

Nun war es ja so, daß, als Alexander von Stauffenberg nach München berufen wurde, es ursprünglich der Wunsch der Fakultät war, Helmut Berve zu gewinnen, doch war jener in der unmittelbaren Nachkriegszeit aufgrund seines Handelns in der Zeit des Nationalsozialismus nicht durchsetzbar, zweifellos aber ist er der Wunschkandidat der Ludwig-Maximilians-Universität gewesen. Hat es Ihrem Vater zu schaffen gemacht, daß er erst nach Berve rangierte und dann – auf der schließlich zustande gekommenen Liste hinter Herbert Nesselhauf und Hans Schaefer – nur von Platz 3 nach München berufen wurde?

KNERR-STAUFFENBERG: Das stand für ihn nicht im Vordergrund. Er lebte damals vor der Berufung in richtiger Armut, und diese Situation erfüllte ihn mit Besorgnis. Die Problematik, daß die Menschen Nationalsozialisten gewesen und auch geblieben waren, war ja nun nichts Ungewöhnliches; das war etwas, was ihm auf Schritt und Tritt begegnete. Ich denke, die große Sorge, ob es für ihn eine Chance gäbe, diese Stelle zu bekommen, spielte die größere Rolle.

Die materiellen Sorgen und Ängste überwogen in dieser Zeit?

KNERR-STAUFFENBERG: Jedenfalls war er allein mit diesen Sorgen, und er war fraglos unendlich erschöpft.

Wie hat er sich selbst als Wissenschaftler im Umfeld seiner Universitätskollegen gefühlt? Hat er sich selbst als einer unter Gleichen oder eher in einer Außenseiterrolle wahrgenommen? In dieser Frage laufen letztlich mehrere Aspekte zusammen, zum einen seine Art der Geschichtsauffassung und seine Art, Geschichtswissenschaft zu betreiben, zum anderen aber auch seine Haltung, seine Stellungnahme zu wissenschaftspolitischen Fragen – wie etwa jener nach der synchronoptischen Weltgeschichte – und konkret politischen Fragen, zum Beispiel jene nach der Wiederbewaffnung und den Atomwaffen.

KNERR-STAUFFENBERG: Seine Andersartigkeit war ein Grundzug

seines Lebens, und ich glaube nicht, daß sie in dieser neuen Situation an der Münchner Universität eine Schwierigkeit darstellte. So empfand ich, daß er sich als einer unter den anderen sehr selbstverständlich fühlte; er kannte ja seine andere Art, zu forschen und auch anders auf politische Situationen zu reagieren. Er kannte auch, so wie er das schilderte, Situationen, die er nicht schweigend übergehen konnte. Grundsätzlich war Schweigen für ihn etwas sehr, sehr Kostbares, aber Schweigen konnte ihm auch zum Frevel werden. Wenn es um solch wichtige Fragen ging, vertrat er seinen Standpunkt eindeutig – auch, um auszuloten, wo Gegensatz und Widerstand lagen und auf welche Art und Weise man hier zu einer Verständigung kommen konnte. Er erfuhr Widerstand, aber dem fühlte er sich gewachsen. Das war ihm sehr viel wert, um eigene Positionen klarzustellen, aber auch, um die Ansichten anderer, die er genauso respektierte und neugierig aufnahm, kennenzulernen, zu erfahren, wie sie ihre Auffassungen belegten und wie sie dazu gelangt waren.

Würden Sie insgesamt sagen, daß Ihr Vater durch die Erfahrung des Nationalsozialismus nach dem Zweiten Weltkrieg im politischen Spektrum eher links von der politischen Mitte stand? Seine politischen Stellungnahmen in der Ära Adenauer waren sicher nicht der Common sense.

KNERR-STAUFFENBERG: Ganz sicher nicht. Doch stand für ihn die Problematik im Vordergrund, daß ja unter Adenauer der Widerstand in keiner Weise moralisch anerkannt war, sondern eher unterdrückt werden sollte. Widerstand galt in breiten Schichten damals noch als Verrat. Alexander wurde ja auch sehr häufig von Menschen vorgeworfen, daß er zu dieser «Verräter-Familie» von Stauffenberg gehörte. Das ging übrigens noch sehr lange; als ich zum Beispiel meinen Führerschein machte, flog ich bei der Prüfung, nachdem ich sie bestanden hatte, aus dem Auto, weil der Prüfer meinen Namen las und sagte: «Mit dem Schwein war ich mal in Hamburg zusammen. Den Führerschein kriegen Sie von mir nicht.» Diese in jener Ära verbreitete Denkungsart spielte durchaus dafür eine Rolle, daß Alexander nicht mit Adenauer konform gehen konnte. Aber das war gleichzeitig auch etwas, was er ganz für sich behielt. Auch wenn seine Haltung eben links wirkte, bedeutet es nicht, daß das eine Ideologie für ihn war. Vielmehr ging es um klar zu bestimmende Themen, zu denen er dezidiert Stellung nahm, wie eben beispielsweise die Wiederbewaffnung, die er als solche nicht vertreten konnte.

Würden Sie sagen, daß Ihr Vater nach den Erfahrungen des Dritten Reiches ein Gegner des Militarismus und der Wiederbewaffnung Deutschlands war, weil er zu dem Schluß gelangt war, daß Deutschland als Staat die Hände von Waffen lassen sollte?

KNERR-STAUFFENBERG: So wie ich ihn verstanden habe, fand er den Zeitpunkt undenkbar. Er hoffte doch wohl sehr viel mehr, daß es unter den Völkern erst zu einer anderen Art von Verständigung kommen und Deutschland eine andere Stellung einnehmen müßte, ehe man solch ein Thema nun wichtignehmen sollte. Er war sicher kein Pazifist und damals nicht zum Waffengegner geworden, aber ich denke, der ganze Stil der Entwicklung war ihm ein Greuel.

Kommen wir nochmals zurück auf seine Rolle als Wissenschaftler an der Universität. Hatte Alexander von Stauffenberg Freunde in seinem Kollegenkreis, und kannte man sie in Ihrem Elternhaus?

KNERR-STAUFFENBERG: Regelmäßig bei uns zu Hause zu Gast waren die Klassischen Philologen Friedrich Klingner, Rudolf Pfeiffer und der Althistoriker Siegfried Lauffer – und natürlich Wolfgang Clemen, der Anglist. Aber das ist im Rückblick ein für mich nicht so leicht zu definierender Zusammenhang, denn unter «Freund» verstand man im Georgekreis doch etwas sehr anderes. Da ging es um eine Art von geistiger Verbindung, die intensivste Begegnung in der Arbeit und innigste Auseinandersetzung über geistige Dinge zu Voraussetzungen hatte, und Verbindungen in diesem Sinne gab es sicher in dieser Universität damals nicht. Eine wirkliche Freundschaft pflegte er mit dem Gräzisten Uvo

Hölscher, der ja dann 1954 nach Berlin ging. Ihn würde ich als den eigentlichen Freund nennen.

Im Georgekreis aber, wenn ich Sie richtig verstehe, gab es diese Verbindungen? Wen würden Sie in diesem Zusammenhang als einen engen Freund oder gar als enge Freunde Ihres Vaters bezeichnen?

KNERR-STAUFFENBERG: Hans Anton gewiß. Darüber hinaus ist die Frage für mich nicht ganz sicher zu beantworten. Diese dritte Generation im Georgekreis zur Zeit der Weimarer Republik war bereits in starkem Maße einer inneren Rivalität ausgesetzt im Umfeld eines alt gewordenen Meisters. Und diese Rivalität und die Eifersucht unter den Freunden haben dort immer wieder zu Schwankungen geführt. Im Anfang, gleich nach dem Abitur, bestand zu seinem Vetter Woldemar Üxküll von Gyllenband eine nahe, glückliche Beziehung, aber das änderte sich dann 1933.

Inwiefern?

KNERR-STAUFFENBERG: Hans Anton nahm sich das Leben. Nach der Rede Woldemars zum 65. Geburtstag von George stand Alexander sehr klar vor Augen, daß Woldemar die neue Politik und Begeisterung für die nationalsozialistische Idee in Verbindung mit George brachte. Also nicht nur, daß er selbst in dieses Lager überging, sondern daß er mit Sicherheit behauptete, der damals eingetretene Zustand sei das, was George prophezeie oder was George wolle, beziehungsweise bejahen würde – obwohl er das vom Meister selbst ja nie erfahren hat. Aber er war sich in dieser Auffassung sicher, und das hat Alexander nicht mittragen können und wollen. Es hat ihn eher mit Schrecken erfüllt.

Wenn ich Sie richtig verstehe, war also die Tatsache, daß der Althistoriker Woldemar Üxküll von Gyllenband, der selbst auch Mitglied des Georgekreises war und Ihrem Vater nahestand, diese Äußerungen im Juni 1933 vor der Tübinger Studentenschaft tat – nämlich daß er in Adolf Hitler den von Stefan George prophezeiten Führer sehe –, die Ursache dafür, daß Alexander von Stauffenberg sich von ihm abwandte?

KNERR-STAUFFENBERG: Nicht nur von ihm – das waren ja schon mehrere, die so dachten. Woldemar aber hat seine Einstellung eben dadurch, daß er diese Geburtstagsrede auf George [12.7.1868–4.12.1933] vor Studenten hielt, unverhüllt zum Ausdruck gebracht. Er hat öffentlich gesagt, daß das Georges politische Idee sei, die zur politischen Begeisterung führt. Alexander hingegen wollte sich schon längst, schon in den späten zwanziger Jahren dieser Denkweise nicht anschließen – und hat das «neue Reich» des Meisters anders verstanden.

Wieweit hat überhaupt die Beziehung zu Hitler die Beziehungen der Mitglieder des Georgekreises untereinander beeinflußt? Kam es infolgedessen zu Auflösungen von Verbindungen bzw. entstanden auf der anderen Seite intensivere Allianzen?

KNERR-STAUFFENBERG: Von dem Zeitpunkt an, da das für kulturelle Belange zuständige Ministerium George als Dichter vereinnahmen wollte, kamen die Diskussionen darüber auf. Einerseits lehnte George selbst dies ab, hat aber gleichzeitig durch sein Mitwirken am nationalen Gedanken, gar als Ahnherr dieses nationalen Denkens, doch faktisch dafür votiert. So waren seine sogenannten Jünger auch im Ungewissen, wie sie das denken sollten. Ganz offen und deutlich aber brach der Konflikt unter ihnen aus mit dem Begräbnis Georges – unübersehbar mit dem Entfernen des Hakenkreuzes durch die einen, das die anderen dann wieder anbrachten. Deutlich wurde es auch mit der Verabschiedung von dem Toten mit dem Hitlergruß. Von da an war es unübersehbar, daß die Mitglieder des Kreises sich gegeneinander wandten, sich auch einer über den anderen bei einem Dritten beschwerte – da gab es sehr heftige Reaktionen. Und vor allem hatte Hitlers Kanzlerschaft erhebliche Auswirkungen auf das Leben der Juden im Georgekreis und den Umgang mit ihnen. Das hat unglaublich zerstörerisch auf diese ganz nahen Freunde gewirkt.

Hat Ihr Vater darüber gesprochen?

KNERR-STAUFFENBERG: Ja.

Was hat er gerade zu diesem Themenkreis erzählt?

KNERR-STAUFFENBERG: Besonders schwerwiegend empfand er, daß den jüdischen Freunden im Georgekreis unterstellt wurde, daß sie sich nur deshalb zu dem Meister begeben hätten, weil sie darin eine Chance gesehen hätten, integriert zu sein in die deutsche Wissenschaft. Auch hat es ihn sehr bestürzt, daß es keinerlei Hilfestellung gab, keinerlei Überlegung, ob diese jüdischen Freunde selbst etwas gegen diese Vorwürfe unternehmen könnten oder sollten und ob man ihnen zur Seite stehen, ob man überhaupt darüber sprechen sollte.

Ihr Vater hat in erster Ehe Melitta Schiller geheiratet, die väterlicherseits jüdischer Abstammung war. Hatte Ihr Vater selbst jüdische Freunde innerhalb des Georgekreises, vielleicht auch darüber hinaus?

KNERR-STAUFFENBERG: Im Vordergrund steht sicher Karl Schefold, mit dem er sehr befreundet war und der eine Jüdin heiraten wollte und von den Freunden bedroht wurde, daß sie ihn aus den Reihen ausschließen würden, wenn er das täte. Ebenfalls zu nennen sind Karl Wolfskehl, Ernst Kantorowicz – alles ihm sehr nahestehende Persönlichkeiten.

Daran möchte ich die Frage anschließen, wie die Situation in München nach 1945 im Umfeld der Universität war. Waren überhaupt noch jüdische Freunde aus dieser Zeit verblieben, mit denen er Kontakt halten konnte?

KNERR-STAUFFENBERG: Nur mit Schefold, der Marianne von den Steinen geheiratet hatte. In der dritten Generation des Georgekreises waren auffallend viel weniger Juden. Nach 1945, glaube ich, waren keine jüdischen Freunde mehr da; die Freunde kamen nicht zurück. Kantorowicz kam nicht zurück, Wolfskehl nicht.

Der Georgekreis hat zweifellos Ihren Vater in hohem Maße geprägt. So hat er Gedichte geschrieben, die ganz den Geist des Georgekreises atmen. Hat sich Alexander von Stauffenberg selber als Dichter verstanden?

KNERR-STAUFFENBERG: Uneingeschränkt: ja. Und ich möchte hinzufügen, daß die Stauffenberg-Buben schon sehr geformt und sehr gebildet zu diesem Georgekreis gestoßen sind – im Unterschied zu vielen anderen. Alexanders Dichten hat schon sehr früh gezeigt, daß die Welt des Georgekreises für ihn ganz kostbar wurde. Jedes Lebenswerk sollte als Basis zumindest potentiell seine Dichtung haben. Das war für ihn von entscheidender Bedeutung. Das gleiche gilt für die Begegnung mit jenem Mann, von dem diese Buben sagten, er sei wie ein Vater, wie ein Lehrer, wie ein Meister – der Umgang mit ihm eine nicht zu steigernd schöne Begegnung in ihrem Leben. Ich würde sagen, daß es so etwas wie eine Bestätigung ihrer Leidenschaften war, die sie bereits im Eberhard-Ludwigs-Gymnasium in ihrer Erziehung zur Poesie entwickelt hatten und die von ihrer Mutter ja in großem Maße schon geweckt und genährt waren. Alle waren sie dafür offen, und alle sind dann ihre sehr eigenen, individuellen Wege gegangen.

Diese Neigung zur Poesie würden Sie, wenn ich Sie richtig verstehe, als einen schon früh im Wesen Ihres Vaters angelegten Zug verstehen. Worin lag das spezifisch Georgeanische, das später dann hinzukam und jene Steigerung bewirkte, daß selbst in seinem wissenschaftlichen Werk und insbesondere auch in seinem Erkenntnisinteresse gegenüber der griechischen Welt gelegentlich eine poetische Tendenz erkennbar wird?

KNERR-STAUFFENBERG: Vielleicht kann man das so sagen, daß ihm durch die Begegnung mit George das Dichterische in einem ganz ungeahnten Ausmaß plötzlich bedeutsam wurde. Er dichtete nicht mehr nur seiner Begabung und seiner Freude nach, sondern es wurde für ihn etwas Unerläßliches. Dies galt dann insbesondere in der Auseinandersetzung mit der Alten Geschichte, speziell in der Griechischen Geschichte, wenn es um das Besingen und Verbinden von Macht und Geist ging. Das war für ihn so entscheidend, daß er immer sagte, daß Geschichte erst dann Leben gewinnt, wenn die Verbindung der Geschichte in bezug auf den Geist beachtet wird. So erlangte die Dichtung über den Georgekreis hinaus in seinem Leben eine weit größere Dimension.

Können Sie sich erinnern, daß sich Ihr Vater einmal in irgendeiner Hinsicht kritisch über Stefan George geäußert hat, daß er etwa äußerte, es habe problematische Aspekte gegeben?

KNERR-STAUFFENBERG: Es war für ihn problematisch – und das entstand nicht zuletzt aus seiner eigenen Lebenssituation –, daß es für George keine existierende, keine sichtbare Familie geben sollte. Auch schien ihm nicht unproblematisch, daß ein ständiges Sich-Bewähren nötig sein sollte, um an dem teilhaben zu können, was man sich als Treue vorstellte. Und hinzu kam die Erfahrung, daß im Georgekreis auch der Mensch, der selber völlig treu war, trotzdem einfach von einem Moment auf den anderen die Nähe verlieren konnte. Das war für ihn etwas, das er weder im Hinblick auf andere noch für sich selbst gut aushalten konnte.

Es heißt, seine beiden Brüder – Claus und Berthold – wurden von ihrem Vater und von George Alexander von Stauffenberg vorgezogen. Trifft das zu?

KNERR-STAUFFENBERG: Das kann man, glaube ich, uneingeschränkt so sagen. Der Vater der Buben war ein unmusischer Mensch; er war handwerklich sehr begabt und hat es genossen, wenn er sich so beschäftigen konnte. Auch Claus war geschickt, und er war viel offener als Alexander. Berthold erschien dem Vater als derjenige, auf den er stolz war, daß er seinen Namen weitertrug. Ich denke, Berthold war für den Vater der Sohn, der wegen seiner Schönheit und seiner Begabung der Stolz des Vaters war und dies auch als Verpflichtung betrachten sollte.

Hat Alexander von Stauffenberg auch über das Verhältnis von Stefan George zu seinen beiden Brüdern erzählt?

KNERR-STAUFFENBERG: Ja. Dieses Verhältnis war ein ganz anderes. Sein Bruder Berthold wurde von George einfach als der Fertige, der nicht zu Formende regelrecht gefeiert, was Alexander ganz selbstverständlich erschien. Es entsprach auch seinen eigenen Gefühlen. Er selbst hatte schon in Briefen ähnliches geäußert: «Berthold ist einfach unser Größter.» Das fiel ihm nicht schwer, ganz sicher nicht schwer. Die Beziehung zwischen Berthold und Claus war eher etwas, was ihn nachdenklich machte, ob er das einfach so gut ertragen konnte oder ob ihn das doch schmerzte. Aber er hatte die ausgeprägte Bereitschaft, das schön zu finden und das auch etwas aus der Distanz zu sehen.

Die Beziehung zwischen Claus und Berthold hat in der Rückschau in einem bestimmten Aspekt eine Intensität erfahren, an der ihr Vater nicht hat teilhaben können, und zwar im Hinblick auf das Attentat auf Hitler.

KNERR-STAUFFENBERG: Dieses Nicht-teilhaben-Können – darauf muß man sehr achten –, betraf eigentlich nur das Äußere. Alexander war an der Front, er war Soldat. An seiner Kenntnis und seinem inneren Einverstandensein kann es keinen Zweifel geben. Im Juni 1944 haben sich die drei Brüder in Berlin im engsten Gespräch getroffen. Man hört häufig, Alexander von Stauffenberg sei so unvorsichtig gewesen, daß man ihn nicht habe einweihen können, aber es war ja anders. Er war nicht unvorsichtig, sondern er hat mit allen nur möglichen Mitteln da, wo Widerstand zu äußern möglich war, dieses auch versucht. Es scheint mir eine völlig unsinnige Idee, sich vorzustellen, daß er, wenn er an Vorbereitungen teilgehabt hätte, darüber an falscher Stelle gesprochen hätte.

Halten Sie es für möglich, daß seine beiden Brüder – Berthold und Claus – ihn nicht eingeweiht haben, weil sie fürchteten, er könne unbedacht etwas preisgeben und dadurch sich selbst und andere gefährden?

KNERR-STAUFFENBERG: Dazu kann ich nur sagen, das ist nicht richtig. Es gibt Briefe aus dem Jahr 1943, aus denen völlig klar hervorgeht, daß er es gewußt hat, daß er auch einem Freund geschrieben hat, «wie unsagbar schwer es jetzt für mich an der Front ist, da ich spüre, daß der Wirbel losgeht». Es gibt keinen Zweifel darüber, was das bedeutet. Er selbst hat dazu gesagt, daß Claus ihm im Juni 1944 gesagt habe, er möchte so glühend gern mit ihm noch den *Tod des Meisters*, sein Gedicht, besprechen

oder es von ihm hören. Und Alexander ist im Juni zu ihnen ge-
fahren, und sie haben es besprochen, und sie haben ihre Einwän-
de und Verbesserungsvorschläge vorgetragen. Sie haben auch
über bestimmte Probleme – etwa über die Rassenfrage – gesprochen. Und sie haben aber auch ganz, ganz klar dieses Vorhaben,
«was sich jetzt in Berlin nicht aufhalten läßt», besprochen.

*Das heißt also, Ihr Vater, wenn ich Sie richtig verstehe, war in die
Attentatspläne eingeweiht. War er nach Ihrem Wissen in die kon-
kreten Attentatspläne, die zum 20. Juli 1944 führten, eingeweiht,
oder war er allgemein in ein Vorhaben zur Beseitigung Hitlers eingeweiht? Hat Ihr Vater sich einmal im Familienkreis in dieser Weise
geäußert?*

KNERR-STAUFFENBERG: Ja. Sie haben lange vorher darüber Überlegungen angestellt. Über das unmittelbare Bevorstehen in diesem Juli gab es für meinen Vater keinen Zweifel. Der Eid war bei
meiner Mutter [Marlene Hoffmann] in Obhut; er kannte den
Eid. Er kannte die Texte der Operation Walküre, die dort in Berlin
liegen sollten für den Fall, daß es gelingt, damit jeder wußte, wie
es dann weitergehen sollte. Eindeutige Auskunft über sein Einge-
weihtsein geben die Äußerungen Eberhard von Hofackers, des
ältesten Sohnes von Caesar von Hofacker, der in Paris war. Als
Alexander die KZs durchschritten hat, war Eberhard 16 Jahre alt;
er hat später dann immer erzählt, daß er ohne Alexander diese
Zeit nicht überlebt hätte. Alexander aber habe ihn in die ganzen
Gedankengänge eingeweiht, die so entscheidend zum Attentat
geführt hätten, und ihm die Begeisterung erklären können, so
daß er [Eberhard] nicht im Unglück habe versinken müssen, sondern von Alexander angefacht wurde, durchzuhalten, weil sein
Vater [Caesar von Hofacker] sehr, sehr Großartiges versucht und
in Paris, ja weiß Gott, auch geschafft habe. So konnte ich eben
auch von Eberhard von Hofacker immer wieder hören, wieviel
Alexander von dem Attentat wußte und was er mitgetragen und
mitgedacht hat.

Verstehe ich Sie richtig, daß Ihr Vater also auch in die konkrete

Attentatsplanung für den 20. Juli 1944 einbezogen war, so daß er – er selbst war ja damals in Griechenland, als es passierte – wußte, was auf ihn zukommen würde und auch die Konsequenz der Sippenhaft vor Augen hatte?

KNERR-STAUFFENBERG: Ja. Das stand ihm vor Augen, und das wurde ja auch vorher schon mit Fahrner [dem Germanisten Rudolf Fahrner], der ebenfalls in Athen war, besprochen – wie man sich schützen wollte, und was man auf welche Frage antworten würde.

Hat Ihr Vater im Familienkreis von den beiden Brüdern in Zusammenhang mit dem Attentat gesprochen?

KNERR-STAUFFENBERG: Von sich aus hätte er nie davon gesprochen. Es war ihm lieb, von seinem einstigen Zuhause zu erzählen oder auch aus der Schulzeit, aber von dem Attentat und von dem Krieg überhaupt hätte er von sich aus ganz geschwiegen. Was die Attentatsfrage betrifft, so kam es ihm stets darauf an, das gewissermaßen George-mäßig Anmutende, das Schöne, das Humane und die Tragödie der Tat zu betonen. Es war für ihn erkennbar unendlich schwer, dazu gefragt zu werden. Aber es entstanden ja seine Gedichte, die dann im *Denkmal* zusammengefaßt sind, und es war dann so, daß man ihn manchmal bitten konnte, sie einem vorzulesen. Er las nur auf Bitten vor – und eigentlich auch nur, ja, eigentlich auch nur mir. Dabei aber stieg in ihm das Gefühl auf, daß das, was geschehen war und wie es gekommen ist, daß es nicht anders hätte gehen können – es war gegangen, wie es ihren hochstrebendsten Ideen entsprach; und er konnte es sich erklären und empfand in der Erinnerung ein Irgendwie-gut-Sein. In der Zeit vor 1933 hatte Alexander an eine Zukunft geglaubt: «Ich kann dichten, und ich kann Geschichte lehren, und dann wird es gut sein.» Seine Brüder waren in dieser Hinsicht pessimistischer. In den Brüdern aber war etwas Kämpferisches, diese Idee, daß es ein Chaos geben müsse und man werde kämpfen müssen, um in Deutschland etwas zuwege zu bringen. Das war bei den Brüdern ausgeprägter als bei ihm und stand im Vordergrund.

Schließlich aber hat auch er die Konsequenz gezogen. Er hat, wenn ich Sie richtig verstanden habe, auch diesen Eid der Verschwörer geleistet, der bei Ihrer Mutter hinterlegt war, oder er hat ihn doch zumindest gekannt. Das heißt, er hat sich am Ende auch keine Illusion darüber gemacht, daß es unter dem Hitler-Regime keine friedliche Koexistenz geben konnte. Haben Sie eine Vorstellung oder hat sich Ihr Vater in dieser Hinsicht einmal geäußert, wann die Pläne zu einem notwendigen Umsturz herangereift sind?

KNERR-STAUFFENBERG: Ich denke, das war 1938 das erste Mal.

Bereits 1938?

KNERR-STAUFFENBERG: Ja. Er sagte aber, daß Claus damals lange noch über eine andere Möglichkeit des Umsturzes nachgedacht habe – noch nicht an ein Attentat. Dies erschien ihm als das schwerste von allem Denkbaren für einen Christenmenschen, ihn zu beseitigen. Claus habe wohl sehr gehofft, daß auch über die Freundeskreise, über das Ausland oder eben über die Generale ein anderer Weg des Umsturzes zu finden sei. Dahin gingen lange Zeit seine Bestrebungen.

Welche Beziehungen meinen Sie? Gab es solche zwischen den Stauffenberg-Brüdern und dem Kreisauer Kreis?

KNERR-STAUFFENBERG: Es waren berufliche Treffen, die zu solchen Beziehungen führten und aus denen sich Möglichkeiten zum Gespräch ergaben – etwa wenn jemand nach England fuhr. Da konnte man erfahren, welche Gesinnung einer hatte und ob man sich in seiner Gesinnung einig war und was man vielleicht erreichen könnte. Auch Berthold, der sehr viele Beziehungen hatte, war der Auffassung, daß man nach Menschen Ausschau halten solle, die mitmachen könnten, und die müßte man versuchen, in jeder Beziehung einzubinden. Der Kreisauer Kreis aber ist eine Eigenständigkeit gewesen, die im Grunde ja dieselben Ziele verfolgte; man kannte sich und tauschte sich aus – so war die Verbindung zu den Stauffenberg-Brüdern.

Hat sich Ihr Vater nach dem Ende des Zweiten Weltkrieges über sein eigenes Erleben der politischen und kulturellen Verhältnisse

während des Nationalsozialismus einmal geäußert – über den Un-
geist des Regimes, den Führerkult, aber auch etwa über das Ver-
hältnis zu sogenannter entarteter Kunst und über den Antisemitis-
mus?

KNERR-STAUFFENBERG: Seine Äußerungen bezogen sich im Kern
vor allem auf die Gefährdung. Er schilderte, daß kein Mensch
mehr so leben konnte, wie es ihm gemäß, wie es seinen Traditio-
nen entsprach oder wie es ihm seine Religion vorschrieb. Auch
ging es ihm um die Werte, die man mißbrauchte, indem man die
Menschen im Namen dieser Werte zu Untaten trieb. Dann be-
schäftigte ihn die grausame Gefährdung jeder Äußerung, wobei
es für die einzelnen oft gar nicht abzuschätzen war, daß diese re-
gimefeindlich gedeutet werden konnten. Das empfand er im
Rückblick als unerträglich. Schlimmer noch aber war für ihn, daß
man ständig von lauter unehrlichen Menschen umgeben war.
Man konnte nur hoffen, daß der andere sich deswegen verstellte,
weil es gefährlich war, wenn man die Wahrheit sagte, aber man
wußte eben nicht, ob der andere vielleicht doch so sprach, weil es
wirklich seine Überzeugung war. Dieses überhaupt nicht mehr
klar auseinanderhalten zu können, wie das Gegenüber denkt, und
die Ungewißheit, wie der andere handeln wird, das hat er mit Ab-
scheu geschildert. Als diese Fragen im Schulunterricht arg zu
kurz kamen und ich ihn deswegen plagte und sagte, er soll mir
davon erzählen, sagte er einmal, man müsse es ruhen lassen, weil
man sonst daran erstickt.

Alexander von Stauffenberg ist in der Zeit des Nationalsozialis-
mus Soldat geworden, er ist aktiver Offizier gewesen. Hat er sich
zu seinem Selbstverständnis in dieser Hinsicht einmal geäußert,
daß er in dieser Funktion in einem Regime wirkte, das er als so pro-
blematisch empfand? Immerhin haben doch einige die Konsequenz
gezogen zu emigrieren, aber er hat darin Funktionen erfüllt – so
wie er ja auch während des Nationalsozialismus Althistoriker in
Würzburg war. Wie hat er zu dieser Haltung Stellung genommen?

KNERR-STAUFFENBERG: Auch wenn er selbst empfand – und es ja

auch formulierte –, daß er zum Soldatischen ungeeignet war, so war doch die Erziehung zum Dienst am Vaterland so stark und so unverbrüchlich in ihm, daß er keinen Weg sah, sich dem auch nur entziehen zu wollen.

Woher kommt dieser Geist, den Dienst am Vaterland so hoch auch über das eigene Empfinden oder Mißempfinden zu stellen?

KNERR-STAUFFENBERG: Heldisch zu sein war für die drei Brüder von klein auf aus der Tradition der Familie hoch erstrebenswert. Aber auch in diesem Zusammenhang spielt die Georgesche Prägung eine Rolle. Auch die Bewunderung für die Brüder, die das so völlig selbstverständlich genommen haben, und er dann nicht zurückstehen wollte. Das Soldatische wurde im Georgekreis als unausweichliche Pflicht empfunden; da war manch einer von den ganz Jungen denkbar ungeeignet in den Krieg gezogen, und George hatte gesagt, das ist halt jetzt mal so, das mußt du tun. Das war von enormer Wirksamkeit. Sehr schwer vorstellbar, aber unlösbar.

Das Soldatische bildet den einen Aspekt der Frage nach Verweigerung oder Mittun. Doch Ihr Vater ist ja auch Althistoriker in Würzburg gewesen. Hat er die Gelegenheit genutzt, in dieser Funktion seiner Ablehnung des nationalsozialistischen Ungeistes Ausdruck zu verleihen?

KNERR-STAUFFENBERG: Die erste große Möglichkeit bot sich 1937 am Historikertag, als er in einem Vortrag vertrat, daß die Germanen bereit waren, sich dem Römischen Reich zu unterstellen. Das durfte man natürlich nicht sagen, und so wurde auch drei Tage lang heftig darüber diskutiert. Alexander wollte sich mit solchen Fragen, an denen das Problem klar zutage trat, intensiv damit auseinandersetzen und ließ dann auch nicht locker.

Hat er dazu Stellung genommen, wie sein Verhältnis zu Studierenden in der Münchner Zeit war? Wurde er von seinen Studenten auf die Zeit 1944/1945 angesprochen?

KNERR-STAUFFENBERG: Ja. Alexander war eigentlich ein leidenschaftlicher Dozent und hat – die Studenten waren sehr oft bei uns zu Hause, einzeln oder zu vielen – sich auch gerade um die bemüht, die sich schwertaten. Aber er hat nach meinem Wissen nicht wirklich Rede und Antwort gestanden. Ich weiß es nicht, ob er eine Scheu empfand, die aus dem Gedanken entstand, er sei gewissermaßen nur unberechtigterweise am Leben geblieben, während doch seine Brüder die Bewundernswerten waren. Vergessen wir aber auch nicht, daß in dieser Zeit zwischen 1950 und 1960 in Deutschland die Meinungen noch weit auseinandergingen, wie man dieses Attentat wirklich annehmen sollte und was der einzelne darüber dachte. Die allermeisten Studenten hatten Eltern, die die Tat verteufelten, und auch darum wohl war er, was seine Stellungnahmen betraf, sehr zurückhaltend.

Wenn ich Sie richtig verstanden habe, plagten ihn auch Selbstzweifel bis hin zu dem Punkt, daß er überlebt hatte.

KNERR-STAUFFENBERG: Es gab den Verlust all dessen, was sein Leben ausgemacht hatte. Für die Mutter am Leben zu sein war ihm ein Trost, den Brüdern ein Denkmal zu setzen hoher Sinn. Aber dieses Sich-wieder-selber-ins-Leben-Bringen hat doch Jahre und Jahre gedauert.

Hat er mal im Kreise der Familie in der Weise Stellung genommen, daß seine beiden Brüder durch ihren Tod, der sie heute in der Wahrnehmung vieler Menschen zu wirklichen Helden gemacht hat, das ‹bessere Ende› gewählt hätten?

KNERR-STAUFFENBERG: Nein, ganz und gar nicht. Es gab ihm einen ganz sicheren Halt, daß es für die drei Brüder den gemeinsamen Weg in den Georgekreis gegeben hatte, wo Kunst und Dichtung sie vereinte, und zugleich das Bewußtsein, daß das Schicksal der Brüder dann nur so hatte kommen können, wie es gekommen war. Das Schmerzliche war eher diese tiefempfundene Machtlosigkeit. Daraus entstand auch der Versuch des *Denkmals*. Man kann es lesen, daß er alles versucht hat, die Brüder dort zu feiern, so daß es wenigstens zu einer Anerkennung dieses Opfers kommen konnte – eines Opfers, das unerträglich schien und zunächst einmal völlig umsonst wirkte. Die Entwicklung einer anderen Wahrnehmung erforderte einen langen Werdegang, und selbst heute scheint es nicht immer klar, ob wir den Widerstand wirklich als einen Vorteil für Deutschland denken können. Mit seinem Erleben aber, mit Menschen zusammenzuarbeiten und zugleich zu denken, daß sie entweder ganz uninteressiert oder gar ganz anders gesinnt waren als er – das blieb sehr schwer.

War es jemals sein Gedanke, daß der Preis, den die Brüder gezahlt hatten, zu hoch war?

KNERR-STAUFFENBERG: Nein. Er war mit den Brüdern überzeugt, daß «diese unbändige Erhebung der Herzen» – so sein eigener Ausdruck – zur Tat und auch das Opfer zur Wiedererlangung der Ehre Deutschlands unverzichtbar war.

Hat Ihr Vater einmal darüber gesprochen, ob das durch George geprägte Denken einen das Attentat unmittelbar betreffenden Einfluß auf die Brüder hatte?

KNERR-STAUFFENBERG: Alexander war davon überzeugt, daß es vielmehr der politische Mensch und der Offizier Claus war, der sich dieser Tat sicher war. Gewiß aber hat er Kraft und Ermutigung und auch eine Bestätigung aus den Gedanken Georges gezogen. Aber die Entwicklung verlief sicher nicht so herum, wie gelegentlich darzustellen versucht wird, daß da der Meister gekommen ist und einen gesehen hat, der einmal ein Täter werden könnte, und darum ist Claus später dann der Täter geworden – ganz sicher nicht.

Welche Bedeutung behielt George in Ihrem Elternhaus und im Leben und Denken von Alexander von Stauffenberg noch nach 1950?

KNERR-STAUFFENBERG: Die geistige Begegnung mit Stefan George blieb ihm unentbehrlich. Immer war er bestrebt, dieses ihm kostbare Vermächtnis durch Dichten, durch Theaterspielen, durch seine Lehrtätigkeit und seine Kinder in eine Welt des Humanen hinüberzutragen.

Sehr verehrte Frau Dr. Knerr-Stauffenberg, ich danke Ihnen für dieses Gespräch.

X ANHANG

1. VITA

(Nach P. Hoffmann, Claus Schenk Graf von Stauffenberg und seine Brüder. Stuttgart 1992[2]; G. Katsch, Alexander Graf Schenk von Stauffenberg.
Diss. Leipzig 1968; W. Günther, Alexander Schenk Graf von Stauffenberg, Professor in München 1948–1964, in: J. Seibert (Hrsg.), 100 Jahre
Alte Geschichte an der Ludwig-Maximilians-Universität München
(1901–2001). Berlin 2002, 107–127)

1905	15. März: Geburt von Berthold und Alexander in Stutt-gart
	Mutter: Gräfin Caroline von Üxküll-Gyllenband (geb. 1875 in Wien), Hofdame der württembergischen Königin
	Vater: Alfred Graf Stauffenberg, seit 1908 Oberhofmar-schall des Königs Wilhelm II. von Württemberg
–1913	Privater Elementarunterricht der Zwillinge
seit 1914	Enge Freundschaft mit Theodor Pfizer
	Frühe Gedichte Alexanders auf Vorbilder und Geschehen des I. Weltkriegs
1918	Juli–August: Schwere Erkrankung Alexanders an Lungen-entzündung und Brustfelleiterung
1919–1923	Besuch des Eberhard-Ludwigs-Gymnasiums Stuttgart
1921	Erste George-Lektüre
1923	März: Abitur – Mittelmäßiges Reifezeugnis
	Mai: Gemeinsam mit Berthold Immatrikulation in der Ju-rist. Fakultät Heidelberg
	Mai: Durch den Vetter Woldemar Graf Üxküll in Marburg bei George eingeführt

Juli–September: Freiwilliger Dienst im Ludwigsburger Kavallerieregiment 18 – begeisterter Reiter

WS 1923/4   Studium in Tübingen. Neben Jura auch Alte Geschichte bei Weber und Vogt

1924   März: Gemeinsame Italienreise mit Wilhelm Weber, Joseph Vogt, Fritz Taeger

SS 1925   München

WS 1925/6   Jena

1926–1928   Halle

1928   Promotion bei Wilhelm Weber in Halle. Korr. Otto Kern; «sehr gut»

Diss.: «Untersuchungen zur Chronik des Malalas. Die Kaiserzeit von Caesar bis Traian.»

1931   *«Die römische Kaisergeschichte bei Malalas. Griechischer Text der Bücher IX–XII und Untersuchungen».* Stuttgart 1931

9. April: Erste Begegnung mit Melitta Schiller bei Hochzeit von Handel

Juli: Habilitation Würzburg. Betreut von Joseph Vogt – Privatdozent

1933   *«König Hieron der Zweite von Syrakus».* Stuttgart 1933

Bis 1933: Mitglied des «Wehrstahlhelm»

Bis März 1934: SA-Dienst in Sturm 2, Brigade 79

4. Dezember 1933: Tod Georges in Minusio (Tessin)

WS 1935/6   Lehrstuhlvertretung Giessen

1936   20. Januar: Tod des Vaters

SS Lehrstuhlvertretung Würzburg

Gefreiter der Reserve

1937   5. Juli: Vortrag über *«Theoderich der Große und seine römische Sendung»* auf dem 19. Deutschen Historikertag in Erfurt

11. August: Heirat mit Melitta Schiller

28. Oktober: Melitta wird zum «Flugkapitän» ernannt

1938   Teilnahme an militärischen Übungen im Sommer

1939   Einberufung zum Kriegsdienst als Unteroffizier bei der Ersatzbatterie Ansbach

1940   September: Entlassung – Lehre der Alten Geschichte in Würzburg

1941	30. Juni: Melitta durch Erlaß Hitlers «deutschblütigen Personen gleichgestellt»
1942	Ende Januar: Einberufung zum A. R. 389 (VI. Armee) Herbst Verwundung, Genesung in Würzburg Berufung auf den althistorischen Lehrstuhl der Reichsuniversität Straßburg (nicht angetreten) Beförderung zum Leutnant
1943	22. Januar: Melitta mit EK II und Militärfliegerabzeichen in Gold mit Brillanten und Rubinen ausgezeichnet 15. Februar: Einberufung. Artillerielehrgang bei Berlin – Ostfront – Juni Normandie – Erneute Artillerie-Ausbildung – Ostfront – 30. Oktober: Verwundung bei Novo Lipovo. Will Truppe nicht verlassen. Silvester: «Der Tod des Meisters» vollendet
1944	Februar: Angehöriger der Schweren Artillerie-Ersatz- und Ausbildungs-Abteilung in St. Avold (Lothringen) Frühjahr: Durch Initiative von Rudolf Fahrner Vortrag «Tragödie und Staat im werdenden Athen» 1. Juni: NS-Führungsoffizier in Athen 20. Juli: Attentat auf Hitler 26. Juli: 4-tägige Bahnfahrt Athen – Berlin Vernehmungen – Untersuchungs- und Sippenhaft in KZs und Gefängnissen: Stutthoff (Ostpreußen) – Riesengebirge – Buchenwald – Schönberg im Bayerischen Wald Gräfin Melitta bleibt bis 2. September in Haft. Entlassung, da ihre Dienste als «kriegsentscheidend» eingestuft. Vorbildliche Betreuung von Alexander und den Stauffenberg-Familien durch Melitta
1945	8. April: Flug Gräfin Melittas mit unbewaffnetem Schulflugzeug Bücker 181 in den Raum von Straubing, um Alexander zu befreien. Bei Straßkirchen von amerikanischem Jäger abgeschossen. Schwerste Verwundungen. Tod. Nach Kriegsende wird Alexander längere Zeit in Frankfurt von amerikanischen Dienststellen verhört. 15. September: Eintreffen bei Rudolf Fahrner, Gemma Wolters-Thiersch und Marlene Hoffmann in Überlingen
– 1947	Dichtungen

1947	22. Dezember: Rufanfrage des Bayerischen Kultusministeriums
1948	Januar Zusage – 30. April: Berufung auf den althistorischen Lehrstuhl der Universität München
1949	28. Juli: Heirat mit Marlene, geb. Hoffmann
1951	25. Februar: Gründung der Kommission für Alte Geschichte und Epigraphik – Vorsitzender bis 1956
1952	Verteidigung der «Synchronoptischen Weltgeschichte» – Frühe fünfziger Jahre: politisches Engagement
1954/5	Dekan der Philosophischen Fakultät
1956	Dreimonatiger Aufenthalt in USA im Rahmen des «Education Leaders Exchange Program»
1957	Herbst: Anatolien-Exkursion
1963	«*Trinakria. Sizilien und Großgriechenland in archaischer und frühklassischer Zeit*» München 1963
1964	27. Januar: Tod Alexanders nach schwerer Krankheit. Beisetzung in Hemhof (Chiemsee) *Denkmal*. München 1964
2005	*Kaisergesänge*. Prien 2005

2. WERKÜBERSICHT ALEXANDER SCHENK GRAF VON STAUFFENBERG

Abkürzungen:

Dichtung: Dichtung und Staat in der antiken Welt. München 1948
Imperium: Das Imperium und die Völkerwanderung. München 1947
Macht: Macht und Geist. Vorträge und Abhandlungen zur Alten Geschichte. Hrsg. von S. Lauffer. München 1972

1928   Untersuchungen zur Chronik des Johannes Malalas. Die Kaiserzeit von Caesar bis Traian. Diss. Halle

1931   Die römische Kaisergeschichte bei Malalas. Griechischer Text der Bücher IX–XII und Untersuchungen. Stuttgart

1933   König Hieron II. von Syrakus. Stuttgart = Macht, 158–248

1935   Rez. R. von Scheliha, Dion. Die platonische Staatsgründung in Sizilien, Die Welt als Geschichte 1, 1935, 262–263
        Die Germanen im römischen Reich, Die Welt als Geschichte 1, 1935, 72–100; 2, 1936, 117–168; 3, 1937, 345–361 = Imperium, 7–106; 212–230; = Macht, 301–405

1936   Tiamos, RE VI A 1, 760 f.

1937   Theoderich der Große und Chlodwig, in: P. R. von Rohden (Hrsg.), Gestalter deutscher Vergangenheit. Potsdam, 39–53 = Imperium, 143–156 = Macht, 420–431
        Theoderich der Große, Forschungen und Fortschritte 31, 1937, 362–364

1937   Tirhraustes, RE VI A 2, 1522 f.
        Tolmides, RE VI A 2, 1681 ff.

Rez.: H. St. L. B. Moss, The Birth of the Middle Ages, 395–814. Oxford 1935, Gnomon 13, 1937, 455–460

1938   Theoderich der Große und seine römische Sendung, in: Würzburger Festgabe für Heinrich Bulle. Würzburger Studien zur Altertumswissenschaft, 13. Stuttgart, 115–129 = Imperium, 128–142 = Macht, 402–419

Rom und die Germanen im Lichte der Universalgeschichte, Geistige Arbeit 5 (18), 3–4

1940   Der Reichsgedanke Konstantins des Großen, in: Das Reich. Idee und Gestalt. Festgabe für Johannes Haller. Stuttgart, 70–94 = Imperium, 107–127; 230–233 = Macht, 280–300

1941   Die großen Wanderungen und das Hethiterreich. Ein Versuch zur vergleichenden Universalgeschichte, Die Welt als Geschichte 7, 1941, 331–359 = Imperium, 176–211; 234–237 = Macht, 7–40

1942   Rez.: A. Solari, Il rinnovamento dell' Impero Romano. 1. L'unità di Roma, 363–476. Milano 1938, Gnomon 18, 1942, 133–139

1943   Woldemar Graf Üxküll-Gyllenband (Nekrolog), Jahresberichte über die Fortschritte der klassischen Altertumswissenschaft 284, 1943, 58–60

Vergil und der augusteische Staat, Die Welt als Geschichte 9, 1943, 55–67 = Dichtung, 5–26 = H. Oppermann (Hrsg.), Wege zu Vergil (Wege der Forschung, 19). Darmstadt 1963, 177–198 = Macht, 260–279

1947   Aeschylos: Agamemnon (Übersetzung). o. O.

Das Imperium und die Völkerwanderung. München

1948   Der Tod des Meisters. Zum 10. Jahrestag. Überlingen

Dichtung und Staat in der antiken Welt. München

1953   Die synchronoptische Frage. Eine Dokumentation. Frankfurt

Macht und Recht in der Geschichte in heutiger Sicht am Beispiel Alexanders des Großen, Philosophisches Jahrbuch 62, 1953, 46–59 = Macht, 140–157

1954   Claus Graf Schenk von Stauffenberg, in: G. Freiherr von Pölnitz (Hrsg.), Lebensbilder aus dem Bayerischen Schwaben. Reihe 3, Band 3. München, 449–467

1955   Der Freiheitskampf der Makkabäer. Festansprache zum Abschluß der Woche der Brüderlichkeit am 13. März 1955 in München = Macht, 249–259

Die deutsche Widerstandsbewegung und ihre geistige Bedeutung in der Gegenwart, in: Bekenntnis und Verpflichtung. Reden und Aufsätze zur zehnjährigen Wiederkehr des 20. Juli 1944. Stuttgart, 156–176

Pindar und Sizilien. Zu O. I., II., III. Frgg. 129, 131, 133, 137 Schröder, Historisches Jahrbuch 74, 1955, 12–25

1957   Pindar: Olympische Oden I–III (Übertragung), in: E. Boehringer – W. Hoffmann (Hrsg.), Robert Boehringer. Eine Freundesgabe. Tübingen, 625 ff.

1958   Die historische Schuld der Bundesregierung, Deutsche Woche 28.5.1958

Die Gewissensfrage an die Regierenden. Bemüht man sich wirklich um die Wiedervereinigung? Die Kultur 15.10.1958

Staatsbürgerliches Widerstandsrecht als Pflicht, Blätter für deutsche und internationale Politik 10, 1958

Erinnerung an Stefan George. Gedenkrede. Gehalten in West-Berlin 4.12.1958 (Hektographiertes Manuskript)

Anatolische Reise. Auf den Spuren der Hethiter, Griechen und Osmanen, Gehört – Gelesen Nr. 4. Bayerischer Rundfunk München 1958, 321–332

1959   Ansprache Eberhard-Ludwigs-Gymnasium Stuttgart. Januar 1959 (Hektographiertes Manuskript)

1960   Dorieus, Historia 9, 1960, 161–215 = Macht, 62–103

Das klassische Griechenland und seine Inselwelt, Studienfahrten deutscher Akademiker Prof. Dr. A. Kutscher. München, 4–10

1961   Werke altägyptischer und koptischer Kunst aus der Sammlung Esch, Einleitung. München, 7–9

1962   Olympische Oden I–III. Pythische Oden VI–VII, in: U. Hölscher (Hrsg.), Pindar, Siegeslieder. Frankfurt, 7 ff.; 47 ff.; 76 ff.

1963   «*Trinakria. Sizilien und Großgriechenland in archaischer und frühklassischer Zeit*» München

1964   *Denkmal.* Hrsg. von R. Fahrner. Düsseldorf

1972   Macht und Geist. Vorträge und Abhandlungen zur Alten Geschichte. Hrsg. von S. Lauffer. München

2005   *Kaisergesänge.* Hrsg. zum 100. Geburtstag von G. Knerr-Stauffenberg. Prien

3. VERZEICHNIS DER VON ALEXANDER SCHENK GRAF VON STAUFFENBERG BETREUTEN DISSERTATIONEN*

R. Werner, Cicero und P. Cornelius Scipio Aemilianus. München 1950 (Ms.)

H. Kaletsch, Die Könige der Lyder. Von der Urzeit bis Gyges. München 1953 (Ms.)

G. Niedrmayr, Fünf Testamente hellenistischer Herrscher zugunsten der Römer. München 1954 (Ms.)

Fr. Schrömer, Der Bericht des Sophainetos über den Zug der Zehntausend. München 1954 (Ms.)

M. Faltner, Ideale der römischen Provinzialverwaltung nach Cicero und Plinius dem Jüngeren. München 1955 (Ms.)

H. K. Kandlbinder, Die historische Bedeutung von Gnaeus Manlius Vulso, dem römischen Consul des Jahres 189 v. Chr. München 1956 (Ms.)

H. H. Schmitt, Rom und Rhodos. Geschichte ihrer politischen Beziehungen seit der ersten Berührung bis zum Aufgehen des Inselstaates im römischen Weltreich. München 1956 (von H. Bengtson angeregt) (= Münchener Beiträge zur Papyrusforschung und antiken Rechtsgeschichte 40, 1957)

O. Hacki, Die sogenannte servianische Heeresreform. München 1959

U. Hacki (geb. Ritzmann), Die oligarchische Bewegung in Athen am Ausgang des 5. Jahrhunderts v. Chr. München 1961

---

* Nach W. Günther, a. O., 124 f.

K. Meister, Die sizilische Geschichte bei Diodor von den Anfängen bis zum Tod des Agathokles. Quellenuntersuchungen zu B. IV–XXI. München 1967 (nach Graf Stauffenbergs Tod von S. Lauffer betreut.)

Abkürzungen

Bracke: G. Bracke, Melitta Gräfin Stauffenberg. Das Leben einer Fliegerin. München 1990

Christ, Hellas: K. Christ, Hellas. Griechische Geschichte und deutsche Geschichtswissenschaft. München 1999

Christ, Klio: K. Christ, Klios Wandlungen. Die deutsche Althistorie vom Neuhumanismus bis zur Gegenwart. München 2006

Christ, RGdGW: K. Christ, Römische Geschichte und deutsche Geschichtswissenschaft. München 1982

Demandt: A. Demandt, Die Spätantike. München 2007² (HdA. III,6)

Fahrner, Denkmal: R. Fahrner (Hrsg.), Alexander Schenk Graf von Stauffenberg, Denkmal. Düsseldorf 1964

Günther: W. Günther, Alexander Schenk Graf von Stauffenberg, in: Seibert, 106–127

Hoffmann: P. Hoffmann, Claus Schenk Graf von Stauffenberg und seine Brüder. Stuttgart 1992²

Karlauf: Th. Karlauf, Stefan George. Die Entdeckung des Charisma, Biographie. München 2007²

Katsch: G. Katsch, Alexander Graf Schenk von Stauffenberg. Eine historiographisch-biographische Untersuchung. Diss. Leipzig (Ms.) 1968

Losemann: V. Losemann, Nationalsozialismus und Antike. Hamburg 1977

Pfizer: Th. Pfizer, Im Schatten der Zeit 1904–1948. Stuttgart 1979

Riedel: M. Riedel, Geheimes Deutschland. Stefan George und die Brüder Stauffenberg. Köln 2006

Seibert: J. Seibert (Hrsg.), 100 Jahre Alte Geschichte an der Ludwig-Maximilians-Universität München (1901–2001). Berlin 2002

Stauffenberg, Malalas: A. Schenk Graf von Stauffenberg, Die römische Kaisergeschichte bei Malalas. Griechischer Text der Bücher IX–XII und Untersuchungen. Stuttgart 1931

Stauffenberg, Hieron II.: Ders., König Hieron II. von Syrakus. Stuttgart 1933

Stauffenberg, Germanen: Ders., Die Germanen im römischen Reich, Die

Welt als Geschichte 1, 1935, 72–100; 2, 1936, 117–168; 3, 1937, 345–361 = Macht, 301–405

Stauffenberg, Tod: Ders., Der Tod des Meisters. Delfin Verlag, Überlingen 1948

Stauffenberg, Dichtung: Ders., Dichtung und Staat in der antiken Welt. München 1948

Stauffenberg, Trinakria: Ders., Trinakria. Sizilien und Großgriechenland in archaischer und frühklassischer Zeit. München 1963

Stauffenberg, Macht: Ders., Macht und Geist. Vorträge und Abhandlungen zur Alten Geschichte. Hrsg. von S. Lauffer. München 1972

Stauffenberg, Kaisergesänge: Ders., Kaisergesänge. Zum 100. Geburtstag hrsg. von Gudula Knerr-Stauffenberg. Privatdruck. Prien 2005

4. ANMERKUNGEN

I. Einleitung

1 Die wichtigsten bibliographischen Materialien finden sich bei Hoffmann, 605–656 und Günther.

2 Woldemar Graf Üxküll–Gyllenband, in: Jahresberichte über die Fortschritte der klassischen Altertumswissenschaft 284, 1943, 58–60.

3 Stauffenberg, Tod.

4 Günther, 113, Anm. 28.

5 Hoffmann, 448; Riedel, 8 f.

6 Siehe Werkübersicht und Fahrner, Denkmal.

7 Vergleiche vor allem Katsch.

8 Pfizer.

9 E. Boehringer – H. Hoffmann (Hrsg.), Robert Boehringer. Eine Freundesgabe. Tübingen 1957, 487–509.

10 Siehe Anm. 9, 685–696.

11 Zur Wahl und Bedeutung dieses Namens siehe Hoffmann, 50.

12 Vergleiche Christ, Klio, 82 ff. – Der Nachruf: HZ. 199, 1964, 262–264.

13 Zu S. Lauffer ist von dem kenntnisreichen Porträt von H. Beister in: Seibert, 137–159 auszugehen. Gedenkwort: Gnomon 36, 1964, 845–847.

14 W. Weber: Christ, Klio, 69 ff. Zu dessen Beurteilung im Nationalsozialismus: H. Löffler, Die Lage in der deutschen Geschichtswissenschaft, in: J. Lerchenmueller, Die Geschichtswissenschaft

in den Planungen des Sicherheitsdienstes der SS. Bonn 2001, 260 f.

15 Siehe auch dessen allgemeinen: Nachruf auf Alexander Schenk Graf von Stauffenberg, Jahreschronik der Ludwig-Maximilians-Universität 1963/64, 31–33.

16 Siehe Günther, 115.

17 HZ. 200, 1965, 370–373.

18 Fahrner, Denkmal, 56 f.; Ders., Mein Leben mit Offa. Privatdruck 1985; Ders., Erinnerungen. Aus dem Nachlaß hrsg. von Stefano Bianco. Privatdruck. Genf 1998; Fr.-R. Hausmann, «Auch im Krieg schweigen die Musen nicht». Die Deutschen Wissenschaftlichen Institute im Zweiten Weltkrieg. Göttingen 2001, 238–255.

19 Im Rahmen seiner ungewöhnlichen Paginierung finden sich die Belege bei Katsch, E 7 f. – Zur Gesamtentwicklung der DDR-Althistorie vergleiche Christ, Klio, 114 ff.

20 a. O., III, 23.

21 Eine Zusammenfassung partieller Wertungen der Dissertation gab der Autor in: Alexander Graf Schenk von Stauffenberg und Stefan George, Helikon 11/13, 1971/2, 597–603.

22 Siehe unten S. 52 ff.

23 E. Zeller, Geist der Freiheit. Der zwanzigste Juli. München 1952 (1965[5]); J. Kramarz, Claus Graf Stauffenberg. 15. November 1907–20. Juli 1944. Das Leben eines Offiziers. Frankfurt 1965; Chr. Müller, Oberst i. G. Stauffenberg. Eine Biographie. Düsseldorf 1970.

24 Der 672 Seiten starke Band Hoffmanns umfaßt 226 Seiten eng gedruckter Anmerkungen und 51 Seiten Quellen und Literatur.

25 Günther.

26 Die Welt des Dichters und der Beruf der Wissenschaft. Berlin 2005.

27 a. O., 209–224.

28 Dazu zuletzt U. Raulff, Apollo unter den Deutschen. Ernst Kantorowicz und das ‹Geheime Deutschland›, in: G. Mattenklott u. a. (Hrsg.), Stefan George und das deutsch-jüdische Bürgertum zwischen Jahrhundertwende und Emigration. Hildesheim 2001, 180 ff.

II. Lautlingen – Stuttgart – Eberhard-Ludwigs-Gymnasium

1 Hoffmann, besonders 16–60.

2 Zur Familiengeschichte: G. Wunder, Die Schenken von Stauffenberg. Stuttgart 1972.

3 Zu Berthold Stauffenberg seien aus der neueren Literatur lediglich hervorgehoben: E. Zeller, Claus und Berthold Stauffenberg, Vierteljahreshefte für Zeitgeschichte 12, 1964, 223–249; W. Graf Vitzthum, Berthold Schenk Graf von Stauffenberg, in: J. Mehihausen (Hrsg.), Zeugen des Widerstandes. Tübingen 1996, 1–41; A. Meyer, Berthold Schenk Graf von Stauffenberg (1905–1944). Berlin 2001.

4 Zitiert bei Hoffmann, 20.

5 Hoffmann, 37.

6 Hoffmann, 23.

7 Hervorzuheben sind: Pfizer, 47 ff.; K. Mehnert, Ein Deutscher in der Welt. Erinnerungen 1906–1981. Stuttgart 1981, 40 ff.; Hoffmann, 41 ff.

8 Hoffmann, 41 ff.

9 Hoffmann, a. O.

10 Pfizer, 55 f.

11 Hoffmann, 43 ff.

12 In den Jahren vor dem Beginn ihres Studiums waren die Brüder Stauffenberg – nach Hoffmann, 46 – auch bei den «Neupfadfindern» aktiv.

13 K. Mehnert, Ein Deutscher in der Welt. Erinnerungen 1906–1981. Stuttgart 1981, 62 ff.

III. Im Banne von Stefan George und Wilhelm Weber

1 Da die Spezialliteratur über Stefan George und seinen Kreis nahezu unüberschaubar geworden ist (vergleiche G. P. Landmann, Stefan George und sein Kreis. Eine Bibliographie. Hamburg 1976; L. Frank – S. Ribbek, Stefan George – Bibliographie 1976–1997. Tübingen 2000), beschränken sich die folgenden Angaben auf die Zusammenhänge mit der Antike: H. Rüdiger, Georges Begegnung mit der Antike, Die Antike 11, 1935, 236–

254; H. Marwitz, Stefan George und die Antike, Würzburger
Jahrbücher für die Altertumswissenschaft 1, 1946, 226–257;
H. St. Schultz, Stefan George und die Antike, Deutsche Beiträge
zur geistigen Überlieferung 5, 1965, 203–238; S. L. Marchand,
Down from Olympus. Archaeology and Philhellenism in Germany 1750–1970. Princeton 1996; Carola Groppe, Die Macht
der Bildung. Das deutsche Bürgertum und der George-Kreis.
1890–1933. Köln – Weimar – Wien 1997; K. Schefold, Die Dichtung als Führerin zur klassischen Kunst. Erinnerungen eines
Archäologen. Aus dem Nachlaß hrsg. von M. Rohde-Liegle u. a.
Hamburg 2003; E. S. Sünderhauf, Griechensehnsucht und Kul-
turkritik. Die deutsche Rezeption von Winckelmanns Antiken-
ideal 1840–1945. Berlin 2004; B. Schlieben u. a. (Hrsg.), Ge-
schichtsbilder im Georgekreis. Göttingen 2004; B. Böschenstein
u. a. (Hrsg.), Wissenschaftler im George-Kreis. Die Welt des
Dichters und der Beruf der Wissenschaft. Berlin 2005; W. Graf
Vitzthum, Kein Stauffenberg ohne Stefan George, in: O. De-
penheuer u. a. (Hrsg.), Staat im Wort. Festschrift für Josef Isen-
see. Heidelberg 2007, 1109–1126; V. Losemann, Classics in the
Second World War, in: W. Bialas – A. Rabinbach (Hrsg.), Nazi
Germany and the Humanities. Oxford 2007, 306–340. – Zuletzt
allgemein: Th. Karlauf, Stefan George. Die Entdeckung des Charisma. Biographie. München 2007[2].

2 Da eine umfassende Monographie über Wilhelm Weber und
dessen Schule noch nicht vorliegt – eines der wichtigsten Deside-
rata zur Wissenschaftsgeschichte der deutschen Althistorie –, ist
noch immer auszugehen von J. Vogt, Gnomon 21, 1949, 176–179;
V. Losemann, 77 ff.; Christ, RGdGW, 210–225; Christ, Klio 69 ff.

3 Erinnerung an Stefan George. Gedenkrede. Gehalten in West-
Berlin. 4.12.1958 (Hektographiertes Manuskript). Zitiert nach
Katsch, A 11/6, Abm. 20.

4 Alexander hat ihm selbst einen eindrucksvollen Nekrolog geschrieben: Woldemar Graf Üxküll-Gyllenband, Jahresberichte
über die Fortschritte der klassischen Altertumswissenschaft
284, 1943, 58–60. Zuletzt über ihn W. Schuller, Altertumswissenschaftler im Georgekreis: Albrecht von Blumenthal, Alexander von Stauffenberg, Woldemar von Üxküll, in: B. Böschenstein u. a. (Hrsg.), Wissenschaftler im George-Kreis. Die Welt

des Dichters und der Beruf der Wissenschaft. Berlin 2005, 209–224. Von Woldemars Schriften seien hervorgehoben: Plutarch und die griechische Biographie. Stuttgart 1927; Das Bildungs- und Wissenschaftsideal im Altertum. Stuttgart 1933; Das revolutionäre Ethos bei Stefan George. Tübingen 1933; Der Gnomon des Idios Logos. 2. Teil. 2. Der Kommentar. Berlin 1934. Siehe zuletzt Karlauf, 485 ff.; 563 ff.

5 Hoffmann, 52: «Er war ihm Lenker seines Geschickes, Herrscher, Priester, König, Vater, Richter, Weiser, glühende Mitte, ‹Schöpfer neuer welt aus lieb' und glut›, ‹Fürst in reiches später herrlichkeit›, und über allem walte der Gott Eros, der Einende».

6 Thomas Karlauf, Stefan George. Die Entdeckung des Charisma. München 2007, 564 f.; vgl. Hoffmann, 73 f.

7 Der Name «Offa» wurde nach einem Königssohn der Angeln gewählt, «der, als Feinde das väterliche Reich wegnehmen wollten, aus der Untätigkeit sich zu wuchtigem Kampf erhob, dann wieder in Trägheit zurücksank.» – So: Hoffmann, 50.

8 Siehe die in Anm. 1 genannten Studien.

9 W. Schuller, a. O. (siehe Anm. 4), 210 f.

10 Zu Kantorowicz siehe Hoffmann, 61 ff.; 69 ff.; 113 ff.; 501 ff.

11 A. H. Borbein, Zur Wirkung Stefan Georges in der klassischen Archäologie, in: B. Böschenstein u. a. (Hrsg.), a. O. (Anm. 4), 239–257.

12 K. Schefold, Die Dichtung als Führerin zur klassischen Kunst. Erinnerungen eines Archäologen. Aus dem Nachlaß hrsg. von M. Rohde-Liegle u. a. Hamburg 2003.

13 E. Boehringer, Leben und Wirken. Gesammelt und herausgegeben von R. Boehringer. Düsseldorf 1973.

14 Hoffmann, 49.

15 Hoffmann, 62.

16 Zur Beurteilung der Weberschule aus der Sicht des SD siehe H. Löffler, Die Lage in der deutschen Geschichtswissenschaft, in: J. Lerchenmueller, Die Geschichtswissenschaft in den Planungen des Sicherheitsdienstes der SS. Bonn 2001, 240 f. – Aus fachwissenschaftlicher Perspektive: Christ, RGdGW, 210–244; Ders., Klio, 69 ff.

17 Hoffmann, 75 f.

18 Katsch, III, 3 f.

19 Katsch, a. O.
20 Siehe unten 63 ff.

IV. In der nationalsozialistischen Epoche –
Melitta Gräfin Stauffenberg

1 Grundlegend nach wie vor Hoffmann, 120 ff. Daneben auch Riedel, 198 ff.
2 So J. Lerchenmueller, Die Geschichtswissenschaft in den Planungen des Sicherheitsdienstes der SS. Bonn 2001, 120.
3 Abdruck in: S. Lauffer (Hrsg.), Alexander Schenk Graf von Stauffenberg, Macht und Geist. München 1972, 41–61. – Hoffmann, 394.
4 Hoffmann, 445 f.
5 Riedel, 10 f.
6 E. Zeller, Geist der Freiheit. Der zwanzigste Juli. München 1952 (1965⁵).
7 A. Graf Schenk von Stauffenberg, Claus Graf Schenk von Stauffenberg, in: Götz Freiherr von Pölnitz (Hrsg.), Lebensbilder aus dem Bayerischen Schwaben. 3. München 1954, 449–467.
8 a. O., 450.
9 a. O., 451 f.
10 So die communis opinio: Hoffmann, 445; J. Fest, Staatsstreich. Der Weg zum 20. Juli. Berlin 1994, 305. Dagegen weist Günther darauf hin, im «Meldebogen» seines Berufungsverfahrens von 1947 habe Alexander Stauffenberg angegeben, daß er «in die Umsturzpläne meiner Brüder und der Widerstandsbewegung eingeweiht war.» Günther, 113, Anm. 27.

Melitta Gräfin Stauffenberg

1 Grundlegend für diesen Abschnitt ist die verdienstvolle Biographie von Bracke.
2 Vergleiche Günther, 111 f.
3 Bracke, 103 f.
4 Bracke, 94 f.
5 Nach Bracke, 205.
6 Bracke, 233 ff.
7 Nach einer Ablichtung im Institut für Zeitgeschichte, München.

V. Die Münchner Jahre

1. Die Anfänge

1 Aus der umfangreichen neueren Literatur über Helmut Berve seien lediglich erwähnt: Christ, Hellas, 246 ff.; St. Rebenich, Alte Geschichte in Demokratie und Diktatur. Der Fall Helmut Berve, Chiron 31, 2001, 457–496; L.-M. Günther, Helmut Berve, Professor in München 1943–1945, in: Seibert, 69–105; Christ, Klio, 58 ff.

2 Siehe Christ, RGdGW, 133–144; Ders., Klio, 39 ff.

3 Günther, 114.

4 Günther, 116, Anm. 40.

5 Siehe oben, 49 ff.

6 W. Schmitthenner, in: H. Strasburger, Studien zur Alten Geschichte. Hrsg. von W. Schmitthenner und R. Zoepffel. I. Hildesheim 1982, XVII–XXXIV; Chr. Meier, Gedächtnisrede, Chiron 16, 1986, 171–197; Christ, Hellas, 342–352.

7 H. Schaefer, Victor Ehrenbergs Beitrag zur historischen Erforschung des Griechentums, Historia 10, 1961, 387–399; J. Vogt, Victor Ehrenberg, Gnomon 48, 1976, 423–426; G. Audring u. a. (Hrsg.), Eduard Meyer – Victor Ehrenberg. Ein Briefwechsel 1914–1930. Berlin u. a. 1990; Christ, Hellas, 195–202; 271–273; 313 f.; Christ, Klio, 73–77. – Bibliographie: R. B. Onians u. a. (Hrsg.), A List of Writings of Victor Ehrenberg. London 1962.

8 Zitiert nach Günther, 116.

9 Günther, 116 ff.

10 Zu H. Nesselhauf siehe: Losemann, 82 ff.; Christ, RGdGW, 257 f.; 296 f.; 301 f.; J. Martin, Herbert Nesselhauf zum Gedenken, Freiburger Universitätsblätter 127, 1995, 192 f.; G. Alföldy, Herbert Nesselhauf 26.5.1909–2.1.1995, Jahrbuch der Heidelberger AdW. für 1995, 113–116; E. Wirbelauer, Zur Situation der Alten Geschichte zwischen 1945 und 1948, Freiburger Universitätsblätter 154, 2002, 119–162; Christ, Klio, 108–111; E. Wirbelauer, in: Ders. (Hrsg.), Die Freiburger Philosophische Fakultät 1920–1960. I. Freiburg 2006, 974.

11 Es empfiehlt sich, von dem Sammelband auszugehen, den U. Weidemann und W. Schmitthenner Schaefer gewidmet haben: H. Schaefer, Probleme der Alten Geschichte. Gesammelte

Abhandlungen und Vorträge. Göttingen 1963 sowie von W. Schmitthenner, Hans Schaefer. Heidelberg 1968 (Privatdruck); Christ, Hellas, 334 f.

12 Siehe Günther, 118.

2. Der neue Wirkungsrahmen

13 H. Beister, Siegfried Lauffer, in: Seibert, 145 f.

14 Zu deren Vorgeschichte und Entwicklung: E. Buchner, 25 Jahre Kommission für Alte Geschichte und Epigraphik, Chiron 6, 1976, VII f.

15 Es ist das Verdienst von T. S. Scheer, im Rahmen der Münchner Centenarschrift nach intensivem Aktenstudium erstmals ein plastisches Bild von Wüst konzipiert zu haben: Fritz Rudolf Wüst. Dozent und apl. Professor in München/1958–1962, a. O., 128–136. Dieser Beitrag wurde hier durchgehend zugrundegelegt.

16 L. Wenger, Walter Otto. Ein Nachruf, in: Almanach der AdW. zu Wien 92, 1942, 286–313; H. Bengtson, Walter Otto, in: Bursians Jahresberichte 284 (Nekrologe), 1944, 22–48; Ders., Kleine Schriften zur Alten Geschichte. München 1974, 599–618; H. Berve, Robert von Pöhlmann und Walter Otto, in: Geist und Gestalt. Biographische Beiträge zur Geschichte der Bayerischen AdW., vornehmlich im 2. Jahrhundert ihres Bestehens. 1. Geisteswissenschaften. München 1959, 189–191; J. Seibert, Walter Otto, Professor in München 1918–1941, in: Seibert, 50–68; H. Hatscher, Alte Geschichte und Universalhistorie. Stuttgart 2003, 80–83; Christ, Klio, 48–51.

17 Scheer, 134.

18 Scheer, 135, Anm. 29.

19 E. Vogt, Hermann Bengtson, Jahrbuch der Bayerischen AdW. 1990. München 1991, 253–257; H. H. Schmitt, Hermann Bengtson. Gedenkrede am 15. Juni 1990, in: J. Seibert (Hrsg.), Hellenistische Studien. Gedenkschrift für Hermann Bengtson. München 1991, 9–16; Christ, Hellas, 314–324; J. Seibert, Hermann Bengtson, Professor in München 1966–1977, in: Seibert, 161–173; Christ, Klio, 106–108;

20 Das Folgende stützt sich auf eigenes Erleben sowie auf J. Seibert, a. O., 168 ff. und Christ, Hellas, 314 ff.

21 Aus den hier zu streifenden Jahren seien lediglich erwähnt: Einführung in die Alte Geschichte. München 1949 (1979[8]); Griechische Geschichte. Von den Anfängen bis in die römische Kaiserzeit. München 1950 (1977[5]); H. Bengtson – V. Milojcić, Großer Historischer Weltatlas. 1. Vorgeschichte und Altertum. München 1953.

22 Siehe Anm. 1, 92–103.

23 L.-M. Günther, a. O., 98 ff.

24 R. Urban, Alte Geschichte in Erlangen von Robert (von) Pöhlmann bis Helmut Berve, in: H. Neuhaus (Hrsg.), Geschichtswissenschaft in Erlangen. Erlangen 2000, 49–70.

25 HZ. 230, 1980, 786.

26 Zu Berves Persönlichkeit: A. Heuß, a. O., 779–787; K. Christ, Helmut Berve, in: Neue Profile der Alten Geschichte. Darmstadt 1990, 125–187; Ders., Hellas, 202–227; 246–251; 300–302; Christ, Klio, 59–65.

27 Auszugehen ist von H. Beister, Siegfried Lauffer, Dozent und apl. Professor in München 24.10.1949–5.12.1963; Professor in München 5.12.1963–30.9.1979, in: Seibert, 137–159.

28 Beister, 140 ff.; 153 ff.

29 Beister, 143.

30 Lauffer hielt nicht nur die Gedenkrede bei der Beisetzung Graf Stauffenbergs; er gab auch in einer besonders noblen Form dessen Vorträge und Abhandlungen zur Alten Geschichte heraus: Alexander Schenk Graf von Stauffenberg, Macht und Geist. München 1972.

31 Beister, 148 ff.; 155 ff.

32 Zitiert nach Beister, 148.

33 Beister, 150.

34 Hervorgehoben seien lediglich: Bergmännische Kunst der antiken Welt, in: H. Winkelmann (Hrsg.), Der Bergbau in der Kunst. Essen 1958, 37–68; Die Sklaverei in der griechisch-römischen Welt, Gymnasium 68, 1961, 370–395; Privatwirtschaft und Staatswirtschaft in der Antike, in: Fr. Hörmann (Hrsg.), Neue Einsichten. München 1970, 118–143. Weiteres bei Beister, 156 f., Anm. 48.

35 Beister, 152.

36 Abriß der antiken Geschichte. München 1956. 1964[2]; K. Broder-

sen (Hrsg.), Siegfried Lauffer, Daten der griechischen und römischen Geschichte. München 1987. Die von Lauffer bearbeiteten Wandkarten sind bei Beister, 149 aufgeführt.

37 Die Grundlage dieser Übersicht bildeten die Berichte von Katsch, III, 13–16 und Günther, 119 f.

38 Wiederholungen sind hier nicht berücksichtigt.

39 A. Graf Stauffenberg, Anatolische Reise, in: Gehört – gelesen. 4. Bayerischer Rundfunk München 1958, 322.

40 Siehe 129 ff.

41 A. Graf Schenk von Stauffenberg, Claus Graf Schenk von Stauffenberg, in: Götz Freiherr von Pölnitz (Hrsg.), Lebensbilder aus dem Bayerischen Schwaben. 3. München 1954, 449–467.

42 Nach Abschrift im Institut für Zeitgeschichte, München.

43 Die deutsche Widerstands-Bewegung und ihre geistige Bedeutung für die Gegenwart. Amerika-Haus Erlangen 20.6.1951 (Maschinenschriftliche Kopie im Institut für Zeitgeschichte München). – Druck in: Bekenntnis und Verpflichtung. Reden und Aufsätze zur zehnjährigen Wiederkehr des 20. Juli 1944. Stuttgart 1955, 156–176. – Die Münchner Gedenkrede von 1952 erwähnt Günther, 121, Anm. 64.

44 Die Gewissensfrage an die Regierenden. Bemüht man sich wirklich um die Wiedervereinigung? Die Kultur, 15.10.1958; Die historische Schuld der Bundesregierung, Deutsche Woche 28.5.1958 – Katsch, VI, 1–18.

45 Staatsbürgerliches Widerstandsrecht als Pflicht, Blätter für deutsche und internationale Politik 10, 1958.

46 Günther, 121, Anm. 64.

47 Alexander Schenk Graf von Stauffenberg, Die Snychronoptische Frage. Eine Dokumentation. Frankfurt/Main 1953; vgl. Katsch, V, 1–44.

VI. Die althistorischen Monographien

1. Malalas

1 Siehe oben 44 ff.

2 Zu Malalas siehe A. Momigliano, in: OCD. Oxford 1970², 641. Charakteristisch A. H. M. Jones, The Later Roman Empire

284–602. Oxford 1972, I, 170: «the picturesque but highly unreliable narratives of the sixth-century Malalas». II, 1010: «John Malalas who wrote in vulgar Greek and catered for the tastes of the common man, describing minutely the personal appearance and manners of the emperors and filling their pages with picturesque anecdotes and social scandal.»; Demandt, 29.

3 W. Weber, «nec nostri saeculi est», Festgabe für Karl Müller. Tübingen 1922, 24 ff.

4 Philologische Wochenschrift 53, 1933, 769–789.

2. *König Hieron II. von Syrakus*

1 Siehe aus der späteren Spezialliteratur: H. Berve, König Hieron II., in Abhandlungen der Bayerischen AdW. 47. München 1959; Ders., Die Tyrannis bei den Griechen. I. München 1967, 462 ff.; II., 733 ff.; .

3. *Trinakria*

1 Macht und Recht in der Geschichte in heutiger Sicht am Beispiel Alexanders des Großen, Philosophisches Jahrbuch 62, 1953, 46–59 = Stauffenberg, Macht, 140–157; Pindar und Sizilien, Historisches Jahrbuch 74, 1955, 12–25 = Stauffenberg, Macht, 106–121; Pindar: Olympische Oden I–III (Übertragung), in: E. Boehringer – W. Hoffmann (Hrsg.), Robert Boehringer. Eine Freundesgabe. Tübingen 1957, 625 ff.; Dorieus, Historia 9, 1960, 161–215 = Stauffenberg, Macht, 62–105.

2 Vergleiche die Charakterisierung des Werks in der Rezension von V. Ehrenberg, HZ. 200, 1965, 370–372.

3 Goethe, Italienische Reise. Palermo 12.4.1787 – Siehe E. Grumach, Goethe und die Antike. Berlin 1949. II, 611.

4 Siehe Stauffenberg, Trinakria, 330, Anm. 1.

5 Siehe Pindar und Sizilien. Zu O. I., II., III. Frgg. 129, 131, 133, 137 Schröder, Historisches Jahrbuch 74, 1955, 10–25.

VII. *Spezialstudien*

1. *Germanentum und Spätantike*

1 Stauffenberg, Macht, 302.

2 Im Folgenden zitiert nach Stauffenberg, Macht, 301–405.

3 Theoderich der Große und Chlodwig, a. O., 420–432.

4 Theoderich der Große und seine römische Sendung, a. O., 406–419. Zum derzeitigen Theoderichbild siehe Demandt, 215 f.; 221 ff.

5 Der Reichsgedanke Konstantins, a. O., 280–300. – Zum Konstantinbild der Gegenwart siehe Demandt, 75–102; Ders., J. Engemann (Hrsg.), Konstantin der Große. Geschichte – Archäologie – Rezeption. Kolloquium Trier 2005. Trier 2006 (Schriftenreihe des Rheinischen Landesmuseums Trier, 32); Dies. (Hrsg.), Imperator Caesar Flavius Constantinus. Konstantin der Große. Ausstellungskatalog Trier–Mainz 2007.

Die Germanen im Römischen Reich

6 Die Germanen im römischen Dienst bis Regierungsantritt Konstantins I. Berlin 1906.

Theoderich der Große und seine römische Sendung

7 Siehe Anm. 4.

8 Hoffmann, 157 f.

2. Das Hethiterreich und die großen Wanderungen

9 Die großen Wanderungen und das Hethiterreich. Ein Versuch zur vergleichenden Universalgeschichte. Erstpublikation: Die Welt als Geschichte 7, 1941, 331–359. Durchgesehen und erweitert in: Das Imperium und die Völkerwanderung. München 1947, 176–211; 234–237. Zuletzt in: Stauffenberg, Macht, 7–40.

10 Hervorgehoben seien: F. Matz, Die frühkretischen Sigel. Berlin 1928; A. Götze, Kleinasien, in: Kulturgeschichte des alten Orients (Handbuch der Kulturwiss. III 1.3.3.1.). München 1933; W. Schachermeyr, Hethiter und Achäer. Leipzig 1935; A. Götze, Hethiter, Churriter und Assyrer. Oslo 1936; K. Bittel, Die Ruinen von Bogazköy. Berlin 1937; S. Fuchs, Die griechischen Fundgruppen der frühen Bronzezeit. Berlin 1937. Spätere Zusammenfassungen: K. Bittel, Grundzüge der Vor- und Frühgeschichte Kleinasiens. Tübingen 1950[2]; Fr. Schachermeyr, Die ältesten Kulturen Griechenlands. Stuttgart 1955; Fr. Matz, Kreta, Mykene, Troja. Stuttgart 1965[6]; V. Souček – J. Siegelová, Syste-

matische Bibliographie der Hethitologie 1915–1995. Handbuch
der Orientalistik. 3 Bde. Prag 1996 ff.

3. Zur griechischen Geschichte
Dorieus
11 Erstpublikation: Historia 9, 1960, 181–215. Nachdruck in Stauffenberg, Macht, 62–105. Danach ist hier zitiert.
12 Siehe dazu oben, 103

Themistokles
13 Erstpublikation: Das Imperium und die Völkerwanderung.
   München 1947, 157–173; 233 f. – Nachdruck Stauffenberg,
   Macht, 122–139.
14 B. Schweitzer, Das Bildnis des Themistokles, Die Antike 17,
   1941, 78.
15 Zur neueren Forschung siehe K. Kinzl, DNP 12, 1.2002, 306 f.

Recht und Macht in der Geschichte am Beispiel
Alexanders des Großen
16 Erstpublikation: Philosophisches Jahrbuch der Görresgesell-
   schaft 62, 1953, 46–59. Zuletzt: Stauffenberg, Macht, 140–157,
   unsere Vorlage.

4. Zur jüdischen Geschichte
Der Freiheitskampf der Makkabäer
17 Stauffenberg, Macht, 249–259.
18 E. Bickermann, Der Gott der Makkabäer. Berlin 1937; K. Bring-
   mann, Hellenistische Reform und Religionsverfolgung in Ju-
   daea. Göttingen 1983; B. Bar-Kochwa, Judas Maccabaeus. Cam-
   bridge 1989.

5. Dichtung
Tragödie und Staat im werdenden Athen
19 Erstpublikation in: Dichtung und Staat in der antiken Welt.
   München 1948, 27–49. Nachdruck in Stauffenberg, Macht,
   41–61. – Zur weiteren Forschung siehe R. Zimmermann, DNP
   12, 1.2002, 734–740.

Vergil und der augusteische Staat

20 W. Weber, Princeps. I. Stuttgart 1937.

21 Ein weiterer Nachdruck auch in: H. Oppermann (Hrsg.), Wege
    zu Vergil (Wege der Forschung, 19). Darmstadt 1963, 177–198.

5. REGISTER

6. BILDNACHWEIS

Stefan-George-Archiv, Stuttgart: Abb. 1
Privatbesitz Berthold Schenk Graf von Stauffenberg: Abb. 2, 6, 7
ullstein bild: Abb. 3
Privatbesitz Gudula Knerr-Stauffenberg: Abb. 4, 10, 11, 13, 14, 15, 16
   (Photo: Urla Raith)
akg-images: Abb. 5, 12
Privatbesitz Gerhard Bracke: Abb. 8, 9

AUS DEM VERLAGSPROGRAMM

KARL CHRIST BEI C.H.BECK

Geschichte der römischen Kaiserzeit
5., durchgesehene Auflage. 2005
IX, 883 Seiten mit 61 Abbildungen. Leinen
Beck's Historische Bibliothek

Hellas
Griechische Geschichte
und deutsche Geschichtswissenschaft
1999. VIII, 534 Seiten. Leinen

Klios Wandlungen
Die deutsche Althistorie vom Neuhumanismus
bis zur Gegenwart
2006. 288 Seiten. Leinen

Pompeius
Der Feldherr Roms
Eine Biographie
2004. 246 Seiten mit 6 Abbildungen und 4 Karten.
Leinen

Die Römische Kaiserzeit
Von Augustus bis Diokletian
3., aktualisierte Auflage. 2006
128 Seiten mit 7 Abbildungen und 3 Karten. Paperback
C. H. Beck Wissen in der Beck'schen Reihe Band 2155

Sulla
Eine römische Karriere
3. Auflage. 2005
236 Seiten mit 12 Abbildungen und 4 Karten. Leinen

GESCHICHTE BEI C.H.BECK
EINE AUSWAHL

Hans Rupprecht Goette/Jürgen Hammerstaedt
Das antike Athen
Ein literarischer Stadtführer
2004. 325 Seiten mit 57 Abbildungen und Karten
und 2 farbigen Abbildungen auf dem vorderem und hinterem
Vorsatz. Leinen

Dieter Hertel
Die Mauern von Troia
Mythos und Geschichte im antiken Ilion
2003. 360 Seiten mit 67 Abbildungen, davon 3 in Farbe.
Gebunden

Jens-Uwe Krause
Kriminalgeschichte der Antike
2004. 228 Seiten. Gebunden

Wolfgang Kunkel
Staatsordnung und Staatspraxis
der römischen Republik
Band X,3,2,2: Die Magistratur
Herausgegeben und fortgeführt von Hartmut Galsterer,
Christian Meier und Roland Wittmann.
1995. XVII, 806 Seiten. Handbuch der Altertumswissenschaft
X. Rechtsgeschichte des Altertums

Detlef Liebs
Vor den Richtern Roms
Berühmte Prozesse der Antike
2007. 253 Seiten. Gebunden